SCIENCE 科学原来这样美

青少年

KEXUE YUANLAI ZHE

普及科学知识，拓宽阅读视野，激发探索精神，培养科学热情。

我们身边的科学

★包罗各种科普知识，汇集大量精美插图，为你展现一个生动有趣的科普世界，让你体会发现之旅是多么有趣，探索之旅是多么神奇！

吉林出版集团
北方妇女儿童出版社

图书在版编目(CIP)数据

我们身边的科学 / 李慕南,姜忠喆主编. —长春：
北方妇女儿童出版社,2012.5(2021.4重印)
(青少年爱科学.科学原来这样美)
ISBN 978－7－5385－6299－6

Ⅰ.①我… Ⅱ.①李… ②姜… Ⅲ.①科学知识－青
年读物②科学知识－少年读物 Ⅳ.①Z228.2

中国版本图书馆 CIP 数据核字(2012)第 061592 号

我们身边的科学

出 版 人 李文学
主　编 李慕南　姜忠喆
责任编辑 赵 凯
装帧设计 王　萍
出版发行 北方妇女儿童出版社
地　址 长春市人民大街 4646 号 邮编 130021
　　　　电话 0431－85662027
印　刷 北京海德伟业印务有限公司
开　本 690mm × 960mm　1/16
印　张 12
字　数 198 千字
版　次 2012 年 5 月第 1 版
印　次 2021 年 4 月第 2 次印刷
书　号 ISBN 978－7－5385－6299－6
定　价 27.80 元

前　　言

　　科学是人类进步的第一推动力,而科学知识的普及则是实现这一推动力的必由之路。在新的时代,社会的进步、科技的发展、人们生活水平的不断提高,为我们青少年的科普教育提供了新的契机。抓住这个契机,大力普及科学知识,传播科学精神,提高青少年的科学素质,是我们全社会的重要课题。

　　一、丛书宗旨

　　普及科学知识,拓宽阅读视野,激发探索精神,培养科学热情。

　　科学教育,是提高青少年素质的重要因素,是现代教育的核心,这不仅能使青少年获得生活和未来所需的知识与技能,更重要的是能使青少年获得科学思想、科学精神、科学态度及科学方法的熏陶和培养。

　　科学教育,让广大青少年树立这样一个牢固的信念:科学总是在寻求、发现和了解世界的新现象,研究和掌握新规律,它是创造性的,它又是在不懈地追求真理,需要我们不断地努力奋斗。

　　在新的世纪,随着高科技领域新技术的不断发展,为我们的科普教育提供了一个广阔的天地。纵观人类文明史的发展,科学技术的每一次重大突破,都会引起生产力的深刻变革和人类社会的巨大进步。随着科学技术日益渗透于经济发展和社会生活的各个领域,成为推动现代社会发展的最活跃因素,并且成为现代社会进步的决定性力量。发达国家经济的增长点、现代化的战争、通讯传媒事业的日益发达,处处都体现出高科技的威力,同时也迅速地改变着人们的传统观念,使得人们对于科学知识充满了强烈渴求。

　　基于以上原因,我们组织编写了这套《青少年爱科学》。

　　《青少年爱科学》从不同视角,多侧面、多层次、全方位地介绍了科普各领域的基础知识,具有很强的系统性、知识性,能够启迪思考,增加知识和开阔视野,激发青少年读者关心世界和热爱科学,培养青少年的探索和创新精神,让青少年读者不仅能够看到科学研究的轨迹与前沿,更能激发青少年读者的科学热情。

　　二、本辑综述

　　《青少年爱科学》拟定分为多辑陆续分批推出,此为第二辑《科学原来这样

美》,以"美丽科学,魅力科学"为立足点,共分为10册,分别为:

1.《头脑风暴》

2.《有滋有味读科学》

3.《追寻科学家的脚步》

4.《我们身边的科学》

5.《幕后真相》

6.《一口气读完科普经典》

7.《神游未知世界》

8.《读美文,学科学》

9.《隐藏在谜语与谚语中的科学》

10.《名家笔下的科学世界》

三、本书简介

本册《我们身边的科学》传达全新教育理念:倡导孩子从小做小发现者,长大成为大发现者! 鼓励孩子敏于行动,大胆尝试,独立思考,每天发现一点点,每天进步一点点。你知道家里的猫会给自己治病吗? 谁是杀死桃树的"凶手"? 你知道臭屁虫的臭屁威力究竟有多大? 爱"流汗"的石头真的会预报天气? 杯子成为跳高高手的秘诀何在? ……这些有趣又古怪的问题,随时在我们的生活中冒出来,跟随本书的"小科学家"们一起,用你的眼光,去探寻科学的答案吧。你会发现,原来科学发现并不神秘,你也可以像科学家那样去敲开科学的大门,并在探究身边科学的过程中,提高自己的能力!

本套丛书将科学与知识结合起来,大到天文地理,小到生活琐事,都能告诉我们一个科学的道理,具有很强的可读性、启发性和知识性,是我们广大读者了解科技、增长知识、开阔视野、提高素质、激发探索和启迪智慧的良好科普读物,也是各级图书馆珍藏的最佳版本。

本丛书编纂出版,得到许多领导同志和前辈的关怀支持。同时,我们在编写过程中还程度不同地参阅吸收了有关方面提供的资料。在此,谨向所有关心和支持本书出版的领导、同志一并表示谢意。

由于时间短、经验少,本书在编写等方面可能有不足和错误,衷心希望各界读者批评指正。

本书编委会

2012 年 4 月

目　录

一、我身边的科学

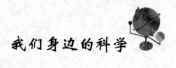

二、我发现了科学

一、我身边的科学

空气里有什么

据科学家测定，在干燥的空气中（按体积比例计算）有约78%的氮气、约21%的氧气、约0.94%的惰性气体、约0.03%的二氧化碳、约0.03%的其他杂质。

当然，空气的成分不是固定的，随着高度的改变、气压的改变，空气的组成比例也会改变。

燃烧需要氧，当盖上锅盖后，锅内空气中的氧气很快用完，火也就会熄灭。

在通常状况下，氮气的化学性质很不活泼，所以它常被用做保护气。例如，焊接金属时用氮气保护金属使其不被氧化；在灯泡中填充氮气以防止钨丝被氧化或挥发；粮食、罐头、水果等食品，也常用氮气做保护气，以防止食品腐烂；在医学上，常用液氮给手术刀降温，让它成为"冷刀"。医生用"冷刀"做手术，可以减少出血或不出血，手术后病人能更快康复。在高科技领域中常用液氮制造低温环境，如有些超导材料就是在经液氮处理后的低温下才获得超导性能的。

氮也是"生命的基础"，它不仅是庄稼制造叶绿素的原料，而且是庄稼制造蛋白质的原料，据统计，全世界的庄稼，在一年之内，要从土壤里摄取约4 000万吨氮。

从铁器上削下一把不带铁锈的铁屑，把它润湿后撒在一片木头上，使木片浮在一盆浅水中。然后用一只大玻璃杯倒扣在水中，罩住木片。静置三四天，就见铁屑上生了铁锈，盆里的水已稍稍上升。这说明杯中空气减少了，因为空气中的一部分氧和铁化合成了氧化铁（即铁锈）。

雷雨后的空气更新鲜

雷雨后，大雨给空气洗了个"澡"，把空气中的大部分灰尘都冲洗掉了。同时，雷电使空气发生了化学反应，空气中的氧气有一部分变成了臭氧。

臭氧也是氧，臭氧分子有三个氧原子，又名三原子氧，是氧气的同素异形体，因其类似鱼腥味的臭味而得名。

浓的臭氧是淡蓝色的，味臭，有很强的氧化力，能漂白与杀菌。但稀薄的臭氧不臭，还会散发清新的气息。雷雨后，空气中就弥漫着少量的臭氧，因而它能净化空气，使空气清新。

时下新兴起一种洗澡方式——臭氧浴。

我们身体表面存在许多细菌和污垢，会把皮肤毛孔堵塞，阻碍毛孔的呼吸和新陈代谢。臭氧浴可分解身体表面细菌和污垢，从而使皮肤代谢旺盛，光滑洁亮。

洗浴时，臭氧通过皮肤汗腺进入皮下，刺激皮下神经末梢，引起神经反射，同时进入毛细血管，随血液循环到全身各组织、器官、脏器。臭氧浴除了有氧化作用之外，还有热水的温热作用。

在距离地球表面 15～25 千米的高空，因受太阳紫外线照射的缘故，形成了包围在地球外围空间的臭氧层，这薄薄的臭氧层正是人类赖以生存的保护伞。

臭氧层主要有两个作用：一为保护作用，臭氧层能够吸收太阳光中的紫外线，保护地球上的人类和动植物免遭短波紫外线的伤害；二为加热作用，臭氧吸收太阳光中的紫外线并将其转换为热能加热大气，如果臭氧减少，则会使地面气温下降。现在，由于环境污染，在南极大陆的上空出现了巨大的臭氧层空洞，已经严重威胁了人类的生存。

千年不锈的越王勾践剑

1965 年，考古工作者在湖北江陵发掘楚墓时，发现了著名的"越王勾践剑"。此剑深藏在地下已2000 余年，但出土时仍锋利无比，真是一个奇迹。

科学家采用质子 X 荧光非真空分析法对越王勾践剑进行了无损科学检测，发现越王勾践剑的主要成分是铜、锡以及少量的铝、铁、镍、硫组成的青铜合金。锡是一种抗锈能力很强的金属，更主要的是，剑身的黑色菱形花纹是经过硫化处理的，含硫量很高，硫化铜可以防止锈蚀，这使得越王勾践剑能历经千年不锈。

1974 年，在陕西临潼秦始皇随葬陶俑坑，出土了三把宝剑，剑身乌亮，寒光逼人。出土时不但毫无锈迹，还锋利得能一下子划破 10 多张报纸。

这三把秦剑的表面处理，比越王勾践剑更为先进。古人采用的是铬盐氧化法。铬盐酸是一种氧化能力非常强的氧化剂，剑用铬盐酸处理后，剑的表层氧化金属紧紧地覆盖在剑的表面。这层性质稳定的氧化金属虽然非常薄，但它给宝剑穿上了一层保护服，使它不会被锈蚀。在国外，这种铬盐氧化处理技术在 20 世纪 30 年代才开始应用，而中国在 2000 多年前就开始应用了。

见水变硬的水泥

水泥，是用石灰石、粘土等配制成生料，经高温烧成熟料，然后再掺入定量的石膏等，最后经磨细而成。它们是钙的硅盐及铝酸盐的混合物，这些物质都可以与水化合而成为化合物。

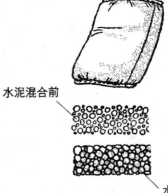

水泥混合前

水泥混合后

当人们把水及水泥混合后，就产生化学反应，会形成一种胶凝体，水分不能溶解这个胶凝体的小颗粒，时间越长，这些小颗粒间的吸引力也就越大，渐渐结成大颗粒，再把水从颗粒之间挤出去。这样，水泥就越来越硬，最后结成大块的"石头"。

美国研制出了变色水泥，这种水泥不但是理想的建筑材料，而且它还可以用于预报天气，所以有"气象水泥"之称。在天气干燥时，它呈蓝色；一旦变潮湿，即成紫色；如果下雨，则在吸收水分后变作明亮的玫瑰色。它之所以会变色，是因为在水泥中加入了二氧化钴。

印度科学家用稻壳燃烧后的灰烬与石灰发生化学反应，生产出硅酸盐水泥，这种水泥适用于水利工程和低层建筑，而且其生产成本仅为普通水泥的1/5。

水泥是一种水硬性胶凝材料，诞生于1824年，是当今世界上最重要的建筑材料之一。

水泥的种类繁多，按其矿物组成成分分为硅酸盐水泥、铝酸盐水泥、硫铝酸盐水泥、氟铝酸盐水泥、铁铝酸盐水泥以及少熟料或无熟料水泥等；而按其用途和性能又分为通用水泥、专用水泥和特种水泥三大类。

随地小便的小狗

狗等哺乳类动物都有自己的势力范围，在自己的势力范围内对同一种类的其他个体是拒绝接纳的。雄犬撒尿就是在确定自己的势力范围，目的是引起其他雄犬的注意和回避。而雌犬在发情期内会尽量随地撒尿，目的是使雄犬知道它的存在和诱使雄犬靠近它。狗的尿中含有化学性的气味，它往树干、墙边和石柱上撒尿，也是在标记辨识路途的一种路标，它只需闻着这种熟悉的气味，就可以轻而易举地找回家。

人体的血液流经肾小球时，血液中的尿酸、尿素、水、无机盐和葡萄糖等物质通过肾小球的过滤作用，过滤到肾小囊中，形成原尿。当尿液流经肾小管时，原尿中对人体有用的葡萄糖、大部分水和部分无机盐，被肾小管又重新吸收，回到肾小管周围毛细血管的血液里。原尿经过肾小管的重吸收作用，剩下的水和无机盐、尿素和尿酸等就形成了尿液。

尿液的形成是连续不断的，尿的排出是间歇的。当膀胱里的尿液贮存达到一定量时，膀胱壁受压，就要排尿。如果膀胱经常积尿太多，不及时排出，就会使膀胱过度膨胀而影响正常功能，所以我们不可憋尿。

健康的人每天排出的尿液大约为 1.5 升。人体每天摄取的水量和排出的水量必须维持相对的平衡。

尿是我们身体大循环里的"清道夫"，成分是 95% 的水加 5% 的代谢物，所以，一些疾病可以从尿液的颜色上表现出来。

通常情况下，尿的颜色是黄色的。在这些 5% 的代谢物中，有一种成分叫尿色素，尿色素是由肾脏产生的一种黄色的物质，从而把尿染成了

黄色。

尿液的颜色并不是一成不变的。尿液的颜色有时是黄褐色，有时是淡黄色，有时几乎是无色的。尿液的颜色随人体每天饮水量的多少、出汗的多少等而发生变化。因为肾脏每天产生的尿色素的量大致是一定的，如果饮水量较多，或吃含水分较多的水果等食物时，人的尿量就会增加，尿色素被稀释，尿的颜色变浅。如果大量出汗，或饮水量少，就会使尿量减少，尿液浓缩而呈深黄色。

从嘴里呵出的"白气"

我们嘴里呵出的气含有水分，是一种无色透明的气态水。冬天，当嘴里的气体从温暖的口腔里出来后，遇到了空气，此时的空气相对要冷得多，因而嘴里的气受冷后，会马上凝结成小水滴，小水滴聚集在一起，看起来就是白色的气了。夏天，空气温度很高，所以从嘴里呵出的气不会冷凝成小水滴，我们也就看不到"白气"了。

观看演出时，我们常能看到舞台上冒出一股"白烟"来，这股白烟可不是水汽变成的，而是干冰的杰作。

干冰是固体二氧化碳，一般情况下，我们是见不着液态二氧化碳的，固体二氧化碳会直接升华成为气态。在常温常压下，二氧化碳是气态。在低温或高压下，二氧化碳就成为固态，形状似冰雪。当舞台上喷出干冰后，干冰遇热升温，升华成二氧化碳，干冰升华时会吸收大量的热，使其周围的温度迅速降低。处于低温区内的水蒸气就会液化成小水珠，许多细小的水珠聚在一起，在空中飘浮，就成为"白烟"。

棉花与炸药

棉花确实可以用来制造炸药。棉花的化学成分是纯净的纤维素，属于碳水化合物，容易燃烧。但是，它在燃烧时不发生爆炸。人们把棉花与浓硝酸以及浓硫酸混合作用后，就可以制成炸药。因为硝酸像个氧的仓库，可以提供大量

的氧，使棉花剧烈燃烧。这样的棉花燃烧时，体积可突然增大 47 万倍。而且燃烧的速度也十分惊人，它能在几万分之一秒内完全燃烧，由此产生巨大的爆炸力。

为了降低这种炸药的爆炸速度，人们把棉花浸在液态氧里，做成液氧炸药，用雷管引爆，这样，它的脾气不太"火爆"，但爆炸起来威力更大。

最早的炸药是黑色火药，它是 9 世纪初由中国炼丹师们发明的。后来火药由蒙古人和阿拉伯人传入欧洲。直至 19 世纪，黑色炸药一直是世界上唯一的爆炸材料。

18 世纪以后，化学作为一门科学有了迅速的发展，为炸药原料的来源和合成及制备提供了条件。许多化学家致力于研制性能更好、威力更大的爆炸材料，使各种新型炸药不断涌现。

1887 年，为研制炸药九死一生的瑞典化学家诺贝尔发明了一种使硝酸甘油稳定的方法，制成了无烟火药。他还将硝酸铵加入炸药，代替部分硝酸甘油，制成更加安全而廉价的"特强黄色火药"。诺贝尔后来立下遗嘱，设立了诺贝尔奖。

大轮船不沉之谜

现代的大轮船都是用钢造成的，钢铁投入水中会下沉，但轮船却能漂浮在水面上。

原来，在水里的轮船，四周同时会受到来自水的压力，不过它前后两面所受的压力大小相等，方向相反，相互抵消了；左右两面的压力也同样相互抵消了。轮船的底面上也要受到水的压力，这种压力就是竖直向上的浮力，只要浮力大于轮船的重量，就会托住轮船使它不会下沉。浮力与物体吃水的深度及物体浸没在水里部分的体积成正比，轮船愈大，吃水愈深，就意味着船所排开水的重量愈大，船所得的浮力也愈大，轮船当然就不会下沉了。

世界上，第一个找到"浮力"的是阿基米德，为此他做了大量的实验。他把陶盆灌满水，放入一块木头，从陶盆排出的水正好等于木头的重量，他记了下来；又往木头上放了几块石子，再排出的水又正好等于石子的重量。接着，他又用蜡块等密度小于水的物体代替木块重复这个实验，然而每次的实验结果都是一致的，这表明它们遵循着相同的规律。

航行在海洋上的轮船

他把石头放到水里，用秤在水里称石头，比在空气中轻了许多，这个轻重之差正好等于石头排出的水的重量。阿基米德将手边能浸入水的物体都这样一一做过实验，终于明白："物体在液体中所受到的浮力，等于它所排开的同体积的液重。"这就是阿基米德发现的浮力定律，也叫阿基米德定律。

用管子抽水玩

虹吸现象是利用水的压力差，使管子中的水上升后再流到低处的一头。由于两管口一高一低，水会由压力大的高处流向压力小的低处，直到两边的水压相等，容器内的水面变成相同的高度，水就会停止流动。

17 世纪，有个奥托的人在德国马德堡广场做了一个有趣的实验，让人们大吃一惊。他让空气"大力士"与马进行了一场别开生面的比赛。实验是将直径大约55 厘米的半圆铁球扣拢在一起，球边涂上一层油脂防止漏气，将球里的空气抽光，球外的大气压力将这两个半球紧紧地压在一起。人们用了 16 匹强壮的马，向两边使劲地拉，才将两个半球拉开。这个实验证明大气的压力有多么大啊！

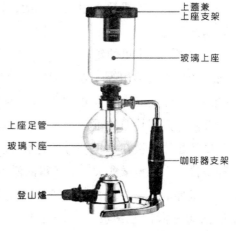

把一个装满水的瓶子放到桌上，在桌旁椅子上放一个同样大小的空瓶子。把一根橡皮管灌满水，捏住管子的两头，一头插进桌上的瓶子里，另一头插进椅子上的空瓶子里。松开捏住管口的手，你会看到，只要一个瓶子里的水位比另一个瓶子的水位低，水就会从水位高的瓶子流向水位低的瓶子里。

能穿透人体的神奇光线

波长在4 000~7 700埃（1埃等于千万分之一毫米）之间的叫可见光，波长小于4 000埃的，叫紫外光或紫外线，是不可见光，X射线是比紫外线的波长更短的光，它也是不可见光。可见光只能穿透透明体，X射线却能穿透不透明的物体。

钱德拉X射线望远镜

用X射线透过人体，为何能在荧屏上显示出骨头的影子来？原来，对于由较轻原子组成的物质，如肌肉等，X射线透过时很少有所减弱，但对于骨头等由较重原子组成的物质，X射线几乎全部被吸收了。因此，在用X射线透视人体时，在荧屏上就留下了人体内组织的黑影，由此透过人体肌肉看见肺部。

美国科学家、诺贝尔物理学奖获得者贾科尼领导研制了世界上第一个宇宙X射线探测器。1978年，该探测器进入太空，它首次为人们提供了精确的宇宙X射线图像，使科学家获得了大量的新发现。运用这个"宝贝"，贾科尼在世界上第一次发现了太阳系外的X射线源，并证实了宇宙存在X射线背景辐射。

1895年9月8日这一天，威廉·康拉德·伦琴正在做阴极射线实验。当伦琴接通阴极射线管的电路时，他惊奇地发现在附近一条长凳上的一个荧光屏上开始发光，恰像受一盏灯的感应激发出来似的。他断开阴极射线管的电流，荧光屏即停止发光。由于阴极射线管完全被覆盖，伦琴很快就认识到当电流接通时，一定有某种不可见的辐射线自阴极发出。由于这种辐射线的神秘性质，他称之为"X射线"——X在数学上通常用来代表一个未知数，后人又把这种射线叫做伦琴射线。

矮烟囱与高烟囱

大家知道，燃烧需要空气（空气里的氧气）。炉子生燃后，它里面的空气受热后温度很高，使空气密度降低并向上升，通过烟囱排出去。

高空新鲜空气

烟囱里的高温气体的密度比周围空气的密度小，这就产生了压力差，形成抽力。烟囱越高，压力差就越大，产生的抽力也就越强，这就能使炉内燃烧后产生的气体很快排出去，让更多的新鲜空气快速进入炉内，让燃烧更充分。

充分燃烧

世界上最高的烟囱，坐落在加拿大安大略省，是国际冶镍公司建造的。

这个巨大的烟囱高达 379.6 米（有 100 多层楼那么高），底面直径 35.4 米，顶面直径 15.8 米，重 39 吨。该烟囱于 1971 年启用。

中国最高的烟囱，位于山西神头第二发电厂。这里的两个煤炉合用一座巨大的烟囱，全高 270 米，堪称中国第一烟囱。

陆地上有人类建造的烟囱，海底里也有"黑烟囱"呢。

1979 年，美国的"阿尔文"号载人深潜器在 1 650 米至 2 610 米的东太平洋海底熔岩上，发现数十个冒着黑色和白色烟雾的"烟囱"。从"烟囱"里喷出的是来自地底的高温含矿热液，矿液刚喷出时为澄清溶液，与周围海水混合后，很快产生沉淀变为"黑烟"，沉淀物主要由磁黄铁矿、黄铁矿、闪锌矿及其他铜铁硫化物组成。这些海底硫化物堆积形成直立的柱体及圆丘，被形象地称为"黑烟囱"。这些亿万年前生长在海底的"黑烟囱"不仅能喷"金"吐"银"，形成海底矿藏，而且很可能和生命起源有关，已成为 21 世纪科学家们最感兴趣的研究领域之一。

半球形的安全帽

物体的坚固程度，除与自身的强度有关外，它的外形也很重要。研究表明，物体经受外来冲击力最佳的形状是球形等凸曲面，凸曲面能使外来压力沿凸曲面扩散，而且受力较均匀，把安全帽做成半球形，就能使半球形承受较大的冲击力。

如果一块砖头从高处落下击中了安全帽，因重力加速度的作用，安全帽要承受很大的冲击力，而且破坏力极大，但安全帽光滑的半球形壳体却能把冲击力沿球面平均地分散，而且，帽内的弹性衬垫物又使冲击力进一步得到缓冲，这就使头部承受的冲击力大为降低，使建筑工人的头部得到很好的保护。

2006 年，一种新式消防安全帽配发给北京消防队。这种新式消防安全帽提高了对消防员头部保护的能力，3 千克的钢锥从 3 米的高处落下不能将它穿透，安全帽外壳的泡沫冲击力吸附垫和十字缓冲带，将头部所受冲击力大部分吸收掉，从而实现对头部的安全保护。安全帽整体荧光着色，能发光，每次受光后在黑暗中可以连续发光 12 小时。不过，这还不是最好的消防安全帽，未来的消防安全帽还

防暴队员的头盔

将具有夜视、GPS 和及时通信的功能，它甚至能帮消防员指出安全通道。

会变色的眼镜

在骄阳下、在皑皑白雪中，人们为了防御强光对眼睛的刺激，往往会戴上变色镜。

变色眼镜之所以有这种特殊的变色功能，是因为在制造镜片时，加入了适量的卤化银作为感光剂。卤化银有一种重要的化学性质，它对光线相当敏感。

在较强的光线照射下，卤化银会分解为银原子及卤素，银原子就会颜色变暗。一旦外界强光消失后，银原子及卤素很快相互结合成卤化银，使镜片恢复透明状态。而且这种变换可以反复进行，不会老化。

13 世纪中期，英国学者培根见许多人因视力不好，不能看书，于是他想发明一种工具来帮助人们提高视力。为此，他想了很多办法，做了不少试验，但都没有成功。

一天雨后，墙根到花园散步，看到蜘蛛网上沾了不少水珠，他在透过水珠看树叶时，发觉连树叶上细细的毛都能看清楚。

培根立即回家找出一颗玻璃球。可透过玻璃球看书，书上的文字模糊不清。于是，他将玻璃割出一块，用这块玻璃片看书，书上的文字果然放大了。培根欣喜若狂，他将玻璃球片装在一块木片上，并安上一根柄，便于手拿。这是最早的放大镜。

经过人们的不断改进，这种镜片变成了现在人们戴的眼镜。

利用现代高科技，人们不断开发出各种新式眼镜。

法国研制的后顾眼镜能够往后看，它在镜框边上装有一个小夹具，上面带有一个小棱镜，因此可看到背后。

美国推出的收音机眼镜设计独特，上面装有微型收音机，人们戴上这种太阳镜后，即可收听广播。

英国研究人员发明一种新型智能眼镜，其镜框中装有一部微型电脑，能够自动地调整镜片的度数。

不怕湿的"尿不湿"

我们知道饭粒和面团中都含有水分，但是用手挤不出水来。这是因为大米和面粉中的主要成分是淀粉，它是一种长链状的高分子化合物，分子长链上有许多亲水原子。科学家根据这一原理，人工合成了许多高分子材料，它们都有很强的吸水性，如聚乙烯醇、聚氧乙烯等。把这些材料涂在软布上，就可以制成"尿不湿"尿布。

从理论上讲，"尿不湿"的吸水量能达到自重的许多倍，而且在受到少许压力时，水也不流出来。所以，它能使尿布不湿。

说起来，你也许不相信，尿不湿的发明，最早是为航天员发明的。美国的宇航员曾在太空中，出现过尿液污染事件，结果使航天员的面罩看不清楚，后来人们发明了尿不湿，并不断改进。现在航天员用的尿不湿，1克尿不湿可以吸收1 000克的液体，很好地解决了这个难题。

中国首位"太空人"杨利伟就是穿上尿不湿上天的。

"湿"到底是什么？

水能把东西浸湿。而湿是一种物体的触感，大致说来，湿是一种物理吸引作用。如果仔细观察一杯水，可以看出水"粘"在玻璃杯的壁上，比杯中的水面稍高，呈 U 形。这是因为杯中的氢受到空气中的氧的吸引而上升的情形，一直到水的重量与吸引力平衡时，杯壁上的水才会停止上升。换成较细的管子，水会上升得更多才会达到平衡，所以，管越细，爬得越高。这种现象叫做"毛细现象"。而就是因为这种毛细作用，才能使水由地面上升到300尺高树顶的叶子上。而"毛细现象"整个过程，我们称之为"浸湿"。

不能用凉开水养鱼

鱼是靠鳃部呼吸的，绝大部分鱼类的呼吸，只能在水中进行。水中的氧气是水中生物生长的必需物质。

如果把水烧开，水中的氧受热后就会蒸发。用凉开水养鱼，鱼会因凉开水中没有足够的氧气而死亡。养鱼的水也要经常更换，保证水中有足够的氧气。

另外，水烧开后，水里的各种矿物质就会大量减少，这也对鱼的生存构成了威胁，所以不能用凉开水养鱼。

鱼的血液循环是封闭的，其心脏比较简单，位于鳃的附近，由一个心房和一个心室组

五颜六色的金鱼

成。鱼的鳃有许多毛细血管的小叶，通过它，可将水中溶解的氧吸收到血液中。

硬骨鱼的鳃外有一块角质的盖，鱼在呼吸时同时张嘴和将鳃盖打开，这样将水吸入口中，鳃盖上的膜防止水从这个方向流入。合嘴时可以通过嘴前部的一个机构将水从鳃缝中挤出去。软骨鱼没有鳃盖，它们必须不停地张着嘴游动，来让水通过它们的鳃流过。

金鱼是一种颜色鲜艳、体态婀娜多姿的鱼类。它的祖先是亚洲产的鲫，远在中国的晋朝时代（265~420），就出现了红色鲫鱼。后来，经不同品种之间的交配而培育出许多新品种。

现在，金鱼的种类很多，有大腹便便的"珍珠鳞"，有全身乌黑的"乌龙眼"，有摇摆着一对凸眼的"大水泡"……金鱼已成为最普通的观赏鱼。

当心地下水受污染

　　地下水是城市生活用水、工业用水和农田灌溉的重要水源之一。

　　工业废水、废气、废渣是污染地下水的"主凶"。在工业生产的过程中，会产生大量的有毒有害废水，若不经过处理而直接排入水道、江河湖海，都会导致地下水污染。工业废气随降雨下落，通过地表流入水循环中，对地表水和地下水造成污染。工业废渣有的天然堆放，有的埋入地下，时间一长，其中的有毒有害物质部分随降水直接渗入，部分随地表水渗入，从而对地下水形成污染。

　　与地表水一样，地下水也会受到污染。水的污染有两类：一类是自然污染；另一类是人为污染。当前对水体危害较大的是人为污染。人类的生产活动使大量的工业、农业和生活废弃物排入江河湖海之中，使水源受到严重的污染。目前，全世界每年有 4 200 多亿立方米的污水排入江河湖海，污染了约 5.5 万亿立方米的淡水，相当于全球径流总量的 14% 以上，真是触目惊心！

打不碎的玻璃

现代材料越来越先进，用玻璃纤维复合材料制成的玻璃就是不易碎的玻璃，这种有机玻璃被穿透时不产生裂纹或碎片，所以防弹玻璃是由这种玻璃和胶片多层叠合制成的。有机合成玻璃与一般的玻璃不同，优点很多：透明度很高，密度却不到无机玻璃的

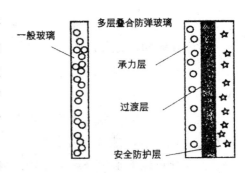

一半；韧性较强，不易碎；很容易成形，不需高温；机械强度较高，有一定的耐热耐寒性，耐腐蚀，绝缘性能良好。

1970 年，德国科学家加勒斯·雷姆把玻璃纤维镶嵌到聚酯树脂中，结果制成一种新的玻璃，这种玻璃比一般的钢铁还坚韧牢固。玻璃很脆，但经过加热，被拉制成比头发还要细得多的玻璃纤维后，它就完全改变了自己的本性，变得像合成纤维那样柔软，而坚韧的程度甚至超过了同样粗细的不锈钢丝。德国的一家建筑公司首先采用了雷姆的研究成果，生产了一种叫做"玻璃斯太尔"的新型建筑材料。

这种玻璃纤维复合材料，不仅可以用来当建筑材料，它还是制造船只、汽车、火车的外壳以及机器的零件的好材料。使用这种材料，不仅可以节省大量的钢铁，同时因为减轻了车、船本身的重量而使其有效载重量大为提高。由于这种材料不会生锈，还可以免去许多保养费用，真是一举多得！

1980 年，在德国迪塞尔多夫市，一座 7 米长的新桥建成了，瞧，它既结实又漂亮，无数的人从不同的地方赶来，一睹它的"芳容"。大桥吸引人的地方倒不是它的外观，而是它是以玻璃为主要原料建成的。

在人们的印象中，玻璃是一种极容易破碎而又极不牢固的材料，人们对大桥东摸摸西瞧瞧，怎么也不相信它是由玻璃建成的。可是，这是事实！

汽水为什么能消暑

炎炎夏日喝上一瓶汽水既爽口又消暑，你会感到凉爽多了。

在生产汽水时，工人们通过降温和加压的方法，把大量的二氧化碳充入汽水中。二氧化碳有一个特性，它对水的溶解度随温度的升高和压力降低而减少。就是说溶有二氧化碳的水，在温度升高时，它就会从水中逸出，同时还带走一部分热量。因为人体的体温比汽水的温度高，所以喝入体内，汽水中的二氧化碳便成为气体从水中逸出，通过打嗝从口腔中排出，这个过程会把人体内的热量带走，这就是喝汽水感到凉爽的原因。

提起汽水，不能不提著名的化学家普里斯特利。1733 年，普里斯特利出生于英国利兹城附近一个贫民家庭。长大后，他总爱用自己微薄的薪金来购买仪器和药品。有一天，他的一位朋友想制造一种能消暑的饮料，于是请普里斯特利帮忙。好心的普里斯特利立即答应了下来，但这项研究并不顺利，因为当时并无今天这些加压、冷冻和封瓶等设备。他足足试验了一年，到 1772 年，才发明了把柠檬酸和小苏打溶在水中的方法，制成了有史以来的第一批汽水。

开放在衣服上的 "火花"

在天气干燥的季节，当你脱下合成纤维做的服装时，常能听到"啪啪啪"的响声，如果在暗处，你还能看见衣服上闪烁着火花。这是为什么呢？

天气干燥又寒冷的季节，合成纤维服装会随着身体的运动而相互摩擦。摩擦就会产生静电，静电积累到一定的量后，就会产生放电现象。这就是我们听到的"啪啪"声和看到的衣服上闪烁的火花。

小小的静电，曾引爆过一架飞机呢1

1967 年，入侵越南的美军派出了一批直升机到前线空运伤员，当一架满载伤员的直升机飞抵西贡机场上空，正徐徐降落时，突然一声山崩地裂的巨响，直升机神秘地在空中爆炸了！

事后，美军情报人员赶往现场对惨案进行调查，发现是静电造成这场灾祸。该机上的副驾驶员在脱毛衣的过程中，产生了强烈的静电，由此导致起火，进而引起爆炸。经过这次事件后，美国空军飞行员一律不许穿毛衣上机，飞行服也经过重新设计。

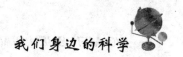

二氧化碳与温室效应

温室效应是由于人们缺乏环保意识，向大气中毫无节制地排放各种有害气体而造成的。

现代化工业生产大量燃烧煤炭、石油和天然气，这些燃料燃烧后，产生的二氧化碳气体大量进入大气。二氧化碳气体具有吸热和隔热的功能。大气中的二氧化碳浓度的不断增加，阻止了地球热量的散发，如同给地球盖上了保温毯，引起地表温度上升。这就是"温室效应"。

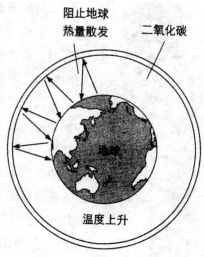

金星上的温室效应非常强，因为，金星的大气密度是地球大气的 100 倍，而且其中 97% 以上是二氧化碳；同时，金星大气中还有一层厚达 20～30 千米的由浓硫酸组成的浓云。二氧化碳和浓云只让太阳光通过，却不让热量透过云层散发到宇宙空间。被封闭起来的太阳辐射使金星表面温度高达 465℃～485℃，而且，金星基本上没有地区、季节、昼夜的差别。温室效应还造成金星上的气压很高，约为地球的 90 倍。

矿泉水与纯净水哪个好

天然矿泉水，出自于地壳深部，未受任何污染，而且含有丰富的对人体健康有益的各种微量元素。它不仅能消暑解渴，而且对肠胃病、高血压、关节炎等多种疾病有一定的疗效。某些微量元素仅能以水中游离状态才被人体吸收，所以说矿泉本是人体所需微量元素的理想补剂，常喝各种微量元素未超标的矿泉水对人体是有益的。而纯净水虽然纯净，但水中缺少对人体有益的微量元素，长喝它会对人体健康不利。

在天然的条件下，地球上可以找到90多种元素，根据目前掌握的情况，多数科学家认为生命必需的元素共有28种，在28种生命元素中，按体内含量的高低可分为宏量元素（或常量元素）和微量元素。

微量元素，顾名思义，是这种元素在人体内含量很少。如铁、矽、锌、钢、镍、锡、锰等。这些微量元素占人体总质量的0.03%左右。尽管它们在体内的含量很小，但在生命活动过程中的作用是十分重要的。

选用矿泉水时，不要选择限量指标超过国家标准规定的产品。在选购时，应注意瓶盖是否松动，瓶身是否透亮，有无异物漂浮等，有这些现象，产品多半不合格。另外，矿泉水表面张力大，用一枚硬币进行水面轻放试验，硬币可浮在矿泉水上，而不能浮于普通饮用水上。

令人惊讶的古墓文物

科学家认为这具女尸经历 2000 多年而不腐烂，是因为下列原因：一是密封和深埋，女尸下葬时用六层棺椁，一个套着一个，层层包裹，密封程度好，而且从封土顶到墓底深达 26 米；二是尸体灌了酒以及在衣物上喷洒酒类，这有利于防虫蛀，并有一定的杀菌作用；三是死者生前似乎曾服用过朱砂（即硫化汞），而且衣服染料和内棺油漆也含有这类物质，有抑制一些分解酶的作用；四是葬在棺中的物资有许多名贵药材，这些药材有很强的杀菌功效；五是埋葬时尸体和石灰、木炭等干燥吸水物质放在一起，在埋葬初期，尸体经过了不断干缩的阶段，这对尸体防腐起了很大作用。

马王堆汉墓遗址位于湖南省长沙市东郊，距市中心 4 千米。因传为楚王马殷的墓地，故名马王堆。

现挖掘出的马王堆三座汉墓共出土珍贵文物 3000 多件，绝大多数保存完好。其中有 500 多件各种漆器，漆器制作精致，纹饰华丽，光泽如新。一号墓还出土了大量丝织品，有一件纱衣，轻若烟雾，薄如蝉翼，该衣长 1.28 米，且有长袖，重量仅 49 克，织造技巧之高超，令人叹为观止。出土的帛画，是我国现存最早的描写当时现实生活的大型作品。

木乃伊是在人工防腐情况下或自然条件下可以长久保存的尸体。木乃伊一词源自波斯语，原义为蜡，欧洲人用来指古埃及涂抹防腐香料保存至今的尸体，中国自明代以来将其音译为木乃伊。

古埃及人认为人死后可以复活，而复活的条件是保存尸体，所以他们留下了许多珍贵的木乃伊，成为世界上一大奇迹。

不能用海水浇灌庄稼

地球的水储量中，淡水仅占总量的3%左右，其余均为海水。海水的含盐量在3.5%左右，盐能够造成植物中的水分流失，也能把细胞中的水分挤走。

庄稼的生长，是靠其根部从土壤中吸取水分的，并利用水吸收土壤中的养分，并把养分输送到它的茎和叶子中去，海水中含盐量较高，如用海水灌溉庄稼，盐就会与水一道被其根部吸收，庄稼自身没有排盐功能，如果庄稼体内液体中的含盐量过高，就会造成庄稼体内的水分不断向外渗透，使养分损失，最终庄稼就会脱水而死。这就是为何农民不用海水浇灌庄稼的缘故。

我国是一个严重缺乏淡水的国家，淡水人均占有量只有世界人均水平的1/6，而且南北分布极不均匀，这已经成为制约我国经济快速发展的重要因素。而且，随着工业发展、城市化进程的加速和人民生活水平的提高，淡水危机将日益加剧。

因此，海水淡化和综合利用，就成了解决水危机的一个重要发展方向。海水淡化的主要方法包括蒸馏法和反渗透法等。蒸馏法是将海水加热气化，再使蒸汽冷凝而得到淡水；反渗透法则是给海水加压，使淡水透过特殊的膜而盐分被截留的方法。目前国际上使用得最多的是反渗透法，而蒸馏法比较适合于有热源的场所如发电厂等。

唯一能够在海水中存活的树木是红树林。

中东地区的海水淡化工厂

红树林长期生长在海潮浸淹的盐渍土壤上，所以它形成了一种与环境相适应的独一无二的生态特性：具有胎生现象；奇形怪状的支柱根、板状根使得树干在滩涂坚固地生长着，特别是呼吸根，使红树在泥水里不缺氧，里外舒畅；叶子有泌盐现象等。

水是生命之源

科学家考证，大约53亿年前，地球上最早的生物来自水中，这是最原始的生命。所以说，水是生命之源。

科学证明，水分布在一切有机体组织中，约占人体重的2/3，约占新生儿体重的80%，是人体需要的六大营养素之一，各种生命体所需的营养物质都可以溶解在水中。它把生命体所需的各种营养物质输送到体内，同时，生命体新陈代谢出的各种废物，也大多是通过水排出去的。

人体的血液中水约占96%，如果人体缺水，就会直接危及生命的安全。

你知道吗？不吃食物，人能活相当长一段时间，有的胖人甚至能活一年，但不喝水最多能活十余天；如果全年的降雨都不流失而汇集在地面上，我们就要在1米深的水中行走；如果不下雨，地球上的淡水仅够我们用四年多；如果南极的冰都化成水，海水将上升60米，许多城镇将被淹没；把世界最高峰珠穆朗玛峰放入海的最深点，它的顶峰还要差2 000米才能露出水面。

地球是太阳系八大行星之中唯一被液态水所覆盖的星球。地球上水的起源在学术上存在很大的分歧，目前有几十种不同的水形成学说。有的认为在地球形成初期，原始大气中的氢、氧化合成水，水蒸气逐步凝结下来并形成海洋；也有观点认为，形成地球的星云物质中原先就存在水的成分。另外一些人认为，原始地壳中硅酸盐等物质受火山影响而发生反应、析出水分。还有观点认为，被地球吸引的彗星和陨石是地球上水的主要来源。

融化的地极冰山

烟雾也是"凶手"

　　城市早晨的空气质量一般较差，尤其是雾天，空气污染严重，所以此时不宜去锻炼。夜间，城市的地面温度会下降，此时，汽车、人流扬起的灰尘等污染物以及大量废气不能向上扩散，反而回降，悬浮在大雾中，至清晨时，城市近地面空气的污染浓度最高。而人在锻炼时，呼吸会加深加快，由此经呼吸道吸引过多的有污染的烟雾，对人体健康造成损害。

　　在1930年12月1日夜，一场浓雾笼罩在比利时的默兹山谷地区上空。在这山谷中，许多工厂都把烟尘和各种有害的微粒排放到大气当中，于是形成了这片烟与雾结合在一起的烟雾。这场烟雾在这山谷里足足延续了四天，在这四天里，成千上万的人病倒了，各家医院里都挤满了病人。结果60人死亡，死者中绝大多数都是患有心脏病和肺病的老人。

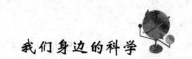
有汗的衣服不能用热水洗

汗中大约有 98% 的水、0.3% 的盐，其余则是蛋白质、尿素与其他有机物质。

盐、水、尿素都易溶于热水，但是蛋白质却不能。一般情况下，蛋白质以胶体的形态溶解在水里，但是遇热时就会凝固起来，变得不溶于水了。

因此，用热水洗含有汗渍的衣服，汗里的蛋白质会凝固而变成不溶性物质，牢固地粘在衣服的纤维上，在日光照射下，经空气氧化作用后，就变成了黄色的污垢。所以凡衣服被血液、牛奶和豆浆等这些含蛋白质的东西沾上以后，不要用热水洗涤，应该用冷水洗涤。

你知道吗？蛋白质有时会成为危害人体健康的"帮凶"！通常造成对某种食物过敏以及过敏反应的元凶就是蛋白质。因为每种蛋白质的结构都略有不同，而人体更是千差万别，某些蛋白质会引起一些人的免疫系统发生反应，由此导致过敏反应。许多人对花生中的某种蛋白质，或者贝类等海鲜的蛋白质过敏，但是很少有人对所有的蛋白质种类都过敏。

变硬的塑料小剑

塑料是一种高分子的聚合物，它的内部有许多乙烯分子聚合在一起，氯乙烯分子聚合后，形成一个链状的大分子，大量同样的大分子聚合起来，就形成了塑料。

塑料能刚能柔。它之所以硬，是因为分子咬分子的"关节"紧紧地结合在一起。如果你要想使它变得柔软，只需在这个"关节"上加些"润滑油"就行

"自然污染"

了。所谓的"润滑油"，就是塑料工业上经常使用的增塑剂。

在寒冷的冬天，有的增塑剂因不耐寒，"润滑"的能力就降低了，塑料中的"关节"就变硬，让塑料变得硬邦邦的。天暖时，增塑剂恢复了"润滑"的本性，"关节"也就变软了。

现在，用塑料制成的塑料袋在给人类带来极大方便的同时，也在严重污染着我们生活的环境。不可降解的塑料袋很不容易分解，即使埋在地下，它一百年都不会腐烂。同时，还会影响土壤的质量。如果把它丢在大海里，让海洋动物误食，会导致它们死亡。2002 年，一头小须鲸死后，被海水冲到法国的诺曼底海滩，人们在它的胃里竟然发现了 800 千克塑料袋及其他包装材料。塑料垃圾所形成的"白色污染"，已成为当前令人们头疼的事情。

塑料可以回收再利用，以下是塑料回收分类标签：

PET（聚对苯二甲酸乙二醇酯）：常见于塑料瓶。

HDPE（高密度聚乙烯）：常见于牛奶瓶、超市塑料袋。

PVC（聚氯乙烯）：常见于雨衣、保鲜膜。

LDPE（低密度聚乙烯）：常见于牙膏的软管包装。

PP（聚丙烯）：常见于瓶盖、吸管、微波炉食物盒。

PS（聚苯乙烯）：常见于一次性饭盒。

OTHER（其他）：不属于以上 6 种的塑料。

酒能解鱼腥

鱼腥，是因为鱼含有三甲胺，三甲胺属于脂肪胺类化合物，有一股臭味，它藏在鱼的肉里，很难去掉它。而酒里含有酒精，酒精能够溶解三甲胺，把它从鱼肉中除掉。

此外，烧鱼时温度很高，酒精、三甲胺都是易挥发的物质，煮一会儿，腥味就被除掉了。

酒是中国菜里对烹饪用酒的称呼。但烹饪用酒的传统在中西烹饪中都很常见。

中国菜中的料酒为酒精含量偏低（10%～25%）的酿造酒，以黄酒为主，也有使用糯米酒、汾酒的。有些在酿造阶段还特别加入花椒、大料、桂皮等传统调味料。

西餐烹饪用酒一般是廉价的葡萄酒（特别是干葡萄酒）等。一些特定地区的菜肴，例如中欧和东欧的炖牛肉经常加啤酒。啤酒也被用来调制一些油炸食物的裹粉。

鸡蛋洗干净了容易变坏

鸡蛋的蛋壳上有许多小洞，鸡在生蛋时，会有一层胶状物质堵住蛋壳上的小洞。这些胶状物能溶于水，当你用水去洗鸡蛋时，这些胶状物也一起被洗掉了，细菌就容易进入鸡蛋里。这样，鸡蛋就会逐渐变质，当然就容易坏了。

美味的鸡蛋

把刚生下来的鸡蛋浸在石灰水里，鸡蛋就不易坏了。因为，石灰水本身就能杀菌；另外，鸡蛋在"呼吸"时，会从小洞里排出二氧化碳，而二氧化碳遇上石灰，会生成碳酸钙沉淀堵住小洞，这样细菌就无法侵入蛋壳内了。

鸡蛋中含有丰富的 DHA 和卵磷脂等，对神经系统和身体发育有很大的作用，能健脑益智，避免老年人智力衰退，并可改善各个年龄组的记忆力。营养学家用鸡蛋来防治动脉粥样硬化，获得了意料之外的惊人效果。鸡蛋中含有较多的维生素 B_2，它可以分解和氧化人体内的致癌物质，鸡蛋中的微量元素也都具有防癌的作用。鸡蛋蛋白对肝脏组织损伤有修复作用，蛋黄中的卵磷脂可促进肝细胞的再生。鸡蛋含有人体需要的几乎所有的营养物质，故被人们称作"理想的营养库"。

不怕雷的避雷针

防直击雷装置由接闪器、引下线和接地装置三部分组成。接闪器就是大家通常所说的"避雷针"，它通过引下线和接地装置与大地相连。避雷针高高耸立，高于被保护的所有物体，与雷云的距离最近，所以，它最易吸引雷电，雷电通过避雷针提供的放电通道泄放入地。这样，雷击虽然还是发生了，但总是击向避雷针，而不是击向要保护的物体，所以避雷针实际是引雷针。它将雷电吸引至自身，使雷电通过引下线至接地装置而泄放到大地上，从而使保护对象免遭雷击。

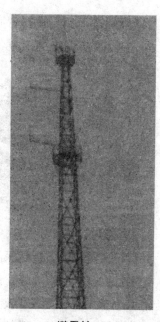

避雷针

现代避雷针是美国科学家富兰克林发明的。富兰克林认为闪电是一种放电现象。为了证明这一点，他在 1752 年 7 月的一个雷雨天，冒着被雷击的危险，和他的儿子一起，做了一个历史上非常著名的雷电实验。他将一个系着长长金属导线的风筝放飞进雷雨云中，在金属线末端拴了一串铜钥匙。当雷电发生时，富兰克林手接近钥匙，钥匙上迸出一串电火花，手上还有麻木感。幸亏这次传下来的闪电比较弱，富兰克林没有受伤。这次试验非常成功，让富兰克林充分认识了雷电的性质，并由此发明了避雷针，首先在自己费城的住宅安装了避雷针。此后，避雷针便在世界上流行开来。

据史书记载，我国汉朝时，有一次一处大殿遭到雷击引发火灾，一位巫师后来将一块鱼尾形状的铜瓦放在层顶上，由此防止了雷击的再次发生。专家们认为，这块铜瓦是现代避雷针的雏形。

车轮上的花纹

大家都知道，车辆轮胎上有许多凹凸不平的花纹。不同的车辆，轮胎不同，花纹的形状、宽窄也各不相同。

人们给轮胎加上花纹的目的，并不是为了漂亮，而是为了加大车轮与地面间的摩擦力，防止车轮在路面上打滑。

通过不断完善，人们将车轮花纹分为通用、高越野性和联合式花纹三大类，它们的几何形状有纵向直线、横向直线、斜线、块形和混合式五种。

车胎花纹的样式与深浅也大有讲究呢。轮胎制造厂的主要研究方向除了轮胎橡胶成分的配方外，最重要的就是轮胎花纹了。轮胎的花纹深度一般不能低于1.6mm，如果花纹太浅，当车子遇到水路时，车轮高速旋转，使水不能排出，就会出现打滑等危险现象。在多雪地区，有经验的汽车司机总会检查一下轮胎花纹深浅，如果发现轮胎的花纹磨损得很厉害了，就会提前进行更换，保证行车安全。轮胎的花纹太浅时，除了排水不好以外，也易导致爆胎，被尖硬物刺破胎面等事故。

铁为什么比木头冷

在寒冷的冬天，我们触摸铁和木头时，总是感到铁制品比木制品冷。但它们的温度其实完全相同。

原来，物体传热能力是由导热系数决定的，物质的导热系数高传热就快，反之传热就慢。铁的导热系数比木头高，所以，铁的传热速度比木头快。

冬天，人们接触铁制品时，因铁的传热能力强，我们手上的热量很快就传到铁制品上；但木制品传热能力差，因而手上的热量就传得慢。这就是我们感到铁比木头冷的原因。夏天，情况正好相反。

热是什么？自古以来就有不同的看法。

最初，人们认为热是某种"东西"，即某种物质，叫它"热质"，物体中的"热质"多，物体就热："热质"少，物体就冷。当一个热的物体与一个冷的物体碰到一起，热质就从热的物体里流出，进入冷的物体，于是热的物体变冷，冷的物体变热，直到它们冷热一样为止。后来人们发现，热不是什么物质，它是大量的物质微粒的混乱运动，这种运动越剧烈，物体就越热。

今天的科学家认为，热是指组成物质的大量分子做无规则运动的表现。这种无规则的运动也称为热运动。人们虽然看不见热运动，但却能感觉到它的存在。

温度是表征物体冷热程度的物理量。用来量度物体温度数值的标尺叫温标。它规定了温度的读数起点（零点）和测量温度的基本单位。目前国际上用得较多的温标有华氏温标、摄氏温标、热力学温标和国际实用温标。

温度的上限是无限的，而温度的下限是 $-273.15℃$，也称为"绝对零度"。"绝对零度"是自然界中可能的最低温度。在绝对零度下，原子的运动完全停止。

冻豆腐的小孔是谁弄的

豆腐里有许多小孔，这些孔有大有小，有的互相连通，有的闭合成一个个小"容器"，这些孔里一般都有水分。

大家知道，水有一种特性：在4℃时，它的密度最大，体积最小；但是水在0℃结成冰时，它的体积不是缩小而是胀大了，比常温时水的体积要大10%左右。如果把常温下的豆腐冻起来，豆腐里的小孔便被冰撑大了，整块豆腐就被挤压成网络形状。可当冻豆腐放在沸水煮后，豆腐内的冰融化成水从豆腐里跑掉，留下那一个个像泡沫塑料一样的小孔。

很早以前，我国人民就已经懂得了冰冻膨胀的原理，并利用它来开采石头：冬天，他们在岩石缝里灌满水，让水结冰膨胀，把巨大的山石撑得四分五裂，很快就能采到大量的石料。

近年来，工业生产上出现了一种巧妙的新工艺——"冰冻成型"，也是冰冻膨胀原理的应用。办法是：根据零件的形状，用强度很大的金属，做一个凹形的阴模和一个凸形的阳模，把要加工的金属板放在两个模的中间，在阳模和密闭的外壳之间，灌满4℃左右的水，然后把这个装置冷却到0℃以下。这时，由于水结冰，体积膨胀，所产生的巨大力量把阳模压向阴模，便把金属板压成一定形状的部件。

豆腐以黄豆为主要原料做成，是中国的一种传统食品。相传豆腐是公元前164年，由汉高祖刘邦之孙淮南王刘安所发明的。刘安在八公山上炼丹，无意中以石膏点豆浆而成。

7世纪末豆腐传入日本。如今豆腐在日本、越南、泰国、韩国等国家已成为主要食物之一。

蓝蓝的天蓝蓝的海

海洋的颜色是太阳光造成的。当太阳光照射到大海上时，波长较长的红光和橙光由于透射力强，它们在前进的过程中，不断被海水和海洋中的生物所吸收。而蓝光和紫光由于波长较短，一遇到海水的阻碍就散射开来，或者被反射回去，只有少部分海水和海洋表面生物所吸收。

当被散射和被反射的蓝光和紫光进入到我们眼中，我们所看到的大海就变成碧蓝的了。

我们看到的天空的颜色，实际上是经大气层散射的光线的颜色。科学家的研究表明，大气对不同色光的散射作用不是"机会均等"的，波长短的光受到的散射最厉害。当太阳光受到大气分子散射时，波长较短的蓝光被散射得多一些。由于天空中布满了被散射的蓝光，地面上的人就看到天空呈现出蔚蓝色。空气越是纯净、干燥，这种蔚蓝色就越深、越艳。

如果天空十分纯净，没有大气和其他微粒的散射作用，我们将看不到这种璀璨的蓝色。比如在2万米以上的高空，空气气体分子特别稀薄，散射作用已完全消失，这时的天空会变得暗淡。

火车的响声

延伸至远方的铁轨

一般情况下，随外界温度的变化，物体会产生热胀冷缩现象，温度升高，体积就增大；温度降低，体积就缩小。

铁路专家研究发现，钢轨温度每升降1℃，每1米钢轨就会伸缩0.0118毫米。在中国，冬夏之季南北温差很大，由一根根钢轨拼接成的轨道如果没有预留缝隙，受逮种热胀冷缩的作用就会发生胀轨和断轨现象，对行车安全非常不利。所以，钢轨之间都预留了缝隙，中国铁路的铁轨接头之间的缝隙在18毫米之内。

热胀冷缩就是物体受热时会膨胀，遇冷时会收缩。这是由于物体内的粒子运动会随温度改变，当温度上升时，粒子的振动幅度加快，令物体膨胀；但当温度下降时，粒子的振动幅度便会减慢下来，使物体收缩。

热胀冷缩是一般物体的特性，但水（0℃~4℃）、锑、铋、镓和青铜等物质，受热时收缩，遇冷时会膨胀，恰与一般物体特性相反。

温度计就是利用热胀冷缩最简单的例子。因为水银的膨胀系数比较大，变化较明显，人们就把水银或酒精，导入密封的玻璃管，用来测量温度。

用钉子在铁盒钉一个孔，要使这个孔刚好能让钉子自由进出。然后用镊子夹住钉子，将钉子在火炉上加热，再试着往盒子上的那个孔里插，你会看到：加热过的钉子插不进那个孔里。

这是因为，固体受热要膨胀，固体中分子运动的速度加快，分子向四周扩散开，因此所占的空间也大了。

为什么人行道的地砖每块之间还留有空缝？为什么有的门在夏天很紧，开关不方便？现在你该明白这些道理了吧。

双层玻璃窗的妙用

火车车厢的玻璃窗是两层的，如果只有一层玻璃窗，这层玻璃不能分隔车厢内外的冷、热空气，车厢内的温度会与外面的差不多，起不到车内空调控温的作用。寒冷季节，车厢内空气里多余的水汽还会在玻璃上凝成霜露，影响玻璃的透明性。

火车的两层玻璃窗

装了两层玻璃，就多了一个隔层——空气，不但隔音，更增加车窗分隔车内外冷热空气的能力。空气不易传热，用空气来做隔层。

找一个金属瓶盖，把瓶盖翻转过来，滴上一二滴硅酸钠溶液，用极少量氧化钙粉末调匀，然后用蜡烛火苗对着盖底将其加热。最初这混合物膨胀而呈白色，但继续加热后，它就变成一粒坚硬透明像玻璃一样的物质了。

六角形的螺母

螺母通常是六角形的，为什么不做成四角形、八角形的呢？

六角形的螺母，使用起来非常方便，而且还能最大限度地利用材料。机器上留给安装螺母的地方较小，扳手活动的地方也有限。六角形的螺母，一次只需扳动60°，就可以慢慢把螺母拧紧。

此外，螺母通常是用圆形的材料制造的，同样的材料，做六角螺母要比做四角螺母切掉的金属少，所以用相同的圆棒做出来的六角螺母，要比四角螺母大。从强度上来看，大螺母要比小的坚固得多，这样就最大限度地利用了材料。

大自然中，六角形的物体很多，如雪花都是六角形的，这是为什么呢？

大气中的水分子在冷却到冰点以下时，就开始凝华，而形成水的晶体（即冰晶）。冰晶属六方晶系，六方晶系具有四个结晶轴，其中三个辅轴在一个基面上，互相以60°的角度相交，第四轴（主晶轴）与三个辅轴所形成的基面垂直。

大气中的水汽在结晶过程中，往往是晶体在主晶轴方向生长速度慢，而三个辅轴方向则快得多。当大气中的水汽十分丰富的时候，周围的水分子不断地向最初形成的晶片上结合，其中，雪片的六个顶角首当其冲，这样，顶角上会出现一些突出物和枝杈。这些枝杈增长到一定程度，又会分叉。次级分叉与母枝均保持60°的角度，这样，就形成了一朵六角星形的雪花。

如果仔细观察过蜂房，你一定会发现：蜂房由许许多多大小相同的窝组成。从正面看，它们是排列得整整齐齐的六角形；从侧面看，它们是紧密地排列在一起的正六棱柱，而每个正六棱柱的底则是由三个完全相同的菱形组成的尖底。从力学角度看，六角形是最稳定的，并且多个正六边形紧密排列在一起，中间可以不留空隙。蜂窝的底是菱形组成的尖底，每个菱形的钝角都是109°28′，锐角都是70°32′，这一特定的菱形结构，最有效地利用了材料和空间。

什么比金刚石还硬

如今，世上还没找到比金刚石更硬的材料，想用固体刀具来加工金刚石是不可能的。

但是，科学家发明了许多特殊的加工方法，如用电火花、电子束和激光等来加工。它们都不是固体刀具，但它们能任意切割金刚石这样的硬材料。

耀眼的钻石

如激光打孔，其原理是：把高能量的激光束聚焦于金刚石零件表面，在这个区域就产生了极高的温度，高温使零件表面急剧熔化，并迅速地气化蒸发，这就使零件产生了孔洞。

在金刚石的评估中，颜色的评定是一项很关键的工作。首饰界一般公认无色金刚石是最好的，而黄色、棕色的则差一些。对于分级标准外的其他颜色，如红色、蓝色、紫色等，因极为罕见，故这些颜色的金刚石被称为彩钻，均为金刚石中的珍品，其价格远远高于一般金刚石的计价标准。如在 1987 年 4 月 28 日伦敦克里斯蒂拍卖行一次金刚石拍卖会上，一颗重量仅为 0.95 克拉的紫红色金刚石，其成交价竟高达 88 万美元。

圆形的轮子

运动物体之间的摩擦分为滑动摩擦和滚动摩擦。通常情况下，滚动摩擦远小于滑动摩擦。只有圆形的轮子可以产生滚动摩擦，其他形状的轮子是不可能产生的。

而且汽车运行时，车轮在地面滚动，车轴与地面的距离，总是等于车轮半径。这样坐在车上的人，才觉得很平稳。

这就是轮子都是圆形的缘故。

这个实验很有趣！借一只汽油桶或别的小桶。把桶立起来，从房间的这一头推到房间的另一头，然后再将桶侧倒，滚回来。

你会看到，滚动要比直立着推省力得多，这是因为：滚动摩擦比滑动摩擦要小。

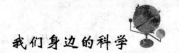

"折断"的筷子

我们知道，光在同一种物质中是沿直线传播的。但是，光如果从两种密度不同的物质中通过，那么在这两种物质交界的地方，光的传播方向就会发生改变，这种现象叫做光的折射。

光从空气进到水里，因为水的密度比空气大，于是，在水和空气分界面发生折射。这样，筷子在水中的部分和在空气中的部分形成了一定的角度，所以，我们看到筷子像折了一样。这种现象是因为光的折射造成的。

往一个干净的玻璃杯或瓶子里倒满水，把杯子挪到一本书前，从杯子这面读书上的字。你会看到，书上的字变大了。

这是因为玻璃杯壁是弧形的，光线斜着照进玻璃杯，当它通过水的时候发生了折射，方向改变了，字就变大了。放大镜就是根据这个原理制成的。

体操运动员为什么要擦白粉

体操器械（单杠、双杠、高低杠等）的表面很光滑，摩擦力较小，这有利于体操运动员做动作。

但是，由于手掌和器械之间的摩擦力很小，手掌不容易握紧杠子之类的器械，导致动作失败甚至还会发生危险。

擦粉就是为了增加手掌与器械之间的摩擦力，防止从杠上脱手。如果不使用镁粉之类的防滑剂，运动员很难在单杠、吊环、双杠上完成大摆动类型的高难度动作。所以，运动员们在比赛前都要在手上抹一些白粉（碳酸镁）。这些白粉在体操运动中可用来防滑、吸汗。

在工程技术中，人们往往通过施加润滑剂的方法来减少摩擦，研究这个问题的科学称为摩擦学，它是机械制造的一个分科学。

假如两个运动面之间有一层完整的润滑剂的话，那么它们之间还有没有摩擦力？

答案是有。物体在相互运动时，摩擦是无法避免的。即使在两个运动面之间有一层完整的润滑剂，但通过运动面与润滑剂的分子之间的摩擦依然会存在。

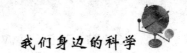

飞机上不要打手机

现代飞机都拥有先进的电子导航系统，而控制这些装置的是计算机系统与电信号。

手机等电子设备一般都能产生电磁辐射，发射电磁波。如果在飞机上使用个人电子用具（移动电话等），它发出的电磁波就会干扰计算机化的驾驶系统和飞机上的电信号，造成飞行失控。

所以，乘客要遵守乘机规则，不要随意在飞机上使用个人的电子用具。

我们生活在一个巨大的电磁辐射"微波炉"中，这些辐射或多或少对人体健康造成了危害。

以下是家用电器辐射量：

音箱：20MG　电冰箱：20MG　电视机：20MG

空调：20MG　洗衣机：30MG　VCD：30MG

复印机：40MG　电脑：150MG　吸尘器：200MG

微波炉：200MG　手机：200MG

石油化工厂的"火炬"

在石化工厂里，你总会看到一种冒火的"烟囱"，它日夜不停地燃烧，工人们称它为"安全火炬"。

大家都知道石油是易燃物。用石油加工生产出来的化工产品，绝大多数也是易燃物，而且大部分还对人体有害。其中有一些是气态，万一泄漏出去，就会造成环境污染，危害人体健康。更危险的是，这些气体大多比空气重，蔓延后会沉积在地面，达到很高的浓度。一旦遇到火，就会造成火灾，甚至发生爆炸。为了消除这些隐患，人们干脆把它们烧掉，以防后患。这就是"安全火炬"的作用。

开采石油的成本是非常昂贵的，开采石油和使用石油制品也可能对环境带来破坏。海上探油和开采会影响海洋环境，尤其以清理海底的挖掘工作破坏环境最大。油轮事故后泄漏的原油或提炼过的油对阿拉斯加、西班牙和许

多其他地区脆弱的海岸生态系统造成了严重的破坏。石油燃烧时向大气层释放二氧化碳，导致全球变暖。

石油也是不可再生资源，现在，人们正在想办法用阳光、风、地热和其他可再生能源来取代石油，作为能源。

宇航员容易老

在太空飞行中，宇航员会患"太空运动病"，它会使宇航员的视觉、听觉、位置感等失调，影响工作和生活，也会使宇航员的心血循环系统失调。

更为严重的是，人的骨骼（包括肌肉）只能适应地球引力。进入失重的太空后，这些能力马上会消失，肌肉会萎缩，骨骼中的矿物质（如钙）逐渐减少，钙的大量流失会造成骨质疏松。

失重还会造成脑垂体分泌激素数量的降低，这就使人体的新陈代谢速度和免疫功能下降。此外，宇宙中有害射线太多，对宇航员也会造成伤害。这些都是宇航员容易衰老的原因。

自从 1961 年 4 月 12 日前苏联宇航员加加林完成第一次宇宙飞行以来，一共有近千名地球人和动物去过太空。科学家仔细检查这些宇航员和动物的身体后，得出一个令人尴尬的结论——哺乳动物并不擅长在无重力状态下生活。

人类在失重状态下会丧失方向感。在失重状态下人类动作会变得迟缓，进而患上 SAS 病（宇宙不适应症候群）。

一旦密封舱或航天服遭流星、太空垃圾袭击或其他机械损伤，哪怕是一个很小的小洞或裂缝，空气就会很快跑光，使航天员窒息死去。宇宙飞船在背着太阳时，温度极低，一旦温度调控设备发生故障，会因体温极度下降而被冻死。

在太空失重的环境中大小便，是一件具有险情的麻烦事儿。航天事业开始的时候，是用

**冒着生命危险进行
太空行走的宇航员**

胶布把便袋粘在臀部上，一不小心，便袋脱落，粪便就会到处飘飞。女航天员大小便比男航天员更难。美国在地面上对人的大小便过程进行了录像，然后进行研究，最终才制造出男女都实用的太空马桶。

　　需要注意的是，在太空中放屁，也必须小心，因为其反作用力可能会把人推走，而且还会污染航天器座舱中的环境。此外，屁中的氢和甲烷，还是可燃气体，严重时还可引起爆炸。

美丽的"流星雨"

在各种流星中，最美丽、最壮观的是流星雨。它是地球在运行中，遇到大量宇宙尘粒（流星群）而造成的。

太阳系内有大量的尘埃微粒和微小的固体块，它们绕各自的轨道运行。它们之间有时会发生碰撞。碰撞后，许多小块聚集成群，沿相同轨道运行，形成了流星群。

当流星群的轨道与地球轨道相交，地球穿越这种区域时，便会有大批尘粒进入地球大气层，从而形成了流星雨。

狮子座流星雨算得上是世界上最著名的流星雨，它被称为"流星雨之王"。每年11月14日至21日，尤其是11月17日左右，都有一些流星从狮子座方向迸发出来，这就是狮子座流星雨。狮子座流星雨产生的原因跟一颗叫坦普尔—塔特尔的彗星有关。这颗彗星绕太阳公转，周期约为33年。同时，它不断抛撒自身的物质，就像洒水那样，在它行进的轨道上留下许多小微粒，但这些小微粒分布并不均匀，有的地方少，有的地方密集，当地球遇上微粒少的地方，出现的流星就少；遇到密集的地方，出现的流星就多。

1833年，狮子座流星雨出现在地球上空，整个天空被流星照亮，成千上万颗"星星"在天上飞舞，就像漫天雪花在飘扬。据估计，在这场长达9小时的流星雨事件中，一个人至少可以看到24万多颗流星。人们被狮子座流星雨的壮观景象惊呆了！

流星雨并不是我们平常所说的雨。流星雨有强有弱，弱的流星雨，一个钟头只能观测到2~3颗甚至更少。曾有人观测到强的流星雨，每秒钟达20颗以上，呈现非常壮观的景象，这样的强流星雨叫流星暴。

观测流星雨时最好要避开城市灯光的影响，到郊外找一个视野开阔的地方，用肉眼直接面向天空就可以了。不要带天文望远镜，因为它不适合观看流星雨，你可以带上双筒望远镜，用它来观看流星雨。

珊瑚虫的杰作

珊瑚很美，它们有的像一株株树枝，有的像一个个晶莹的高脚酒杯，有的像一朵朵盛开的花……这些美丽的"工艺品"正是海洋中的动物珊瑚虫的杰作，它们是由珊瑚虫的骨骼堆积而成的。

珊瑚虫是一种生活在海洋中的低等动物，大多数的珊瑚虫外胚层细胞

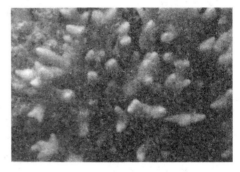

珊瑚

能分泌骨骼，这些骨骼是由外胚层分泌的角质或石灰质形成的，它们堆积起来，积少成多，就形成了好看的珊瑚。由于珊瑚虫群体生在一起构成的形状不同，所以它们的骨骼堆积起来的形状也不同。

珊瑚虫喜欢生长在水流速度快、温度较高、比较干净的浅海，它们极易繁殖，它们可以在死去的珊瑚残骨上继续繁殖生长，由此使珊瑚一年年长高变大。小小的珊瑚，让人不可小瞧！

石珊瑚的骨骼是构成珊瑚礁和珊瑚岛的主要成分，这些珊瑚岛礁围绕在沿海，如同海边的天然防浪长堤。石珊瑚还能用来盖房子、筑路、烧制水泥呢！

世界上最大的珊瑚礁是澳大利亚东北部的大堡礁。直到近年来，科学家才发现，大堡礁其实是由大约2 900个独立的礁石系组成的。大堡礁像一条长带斜卧在那儿，长达2 000多千米，东西最宽处达150千米，面积约8万平方千米。它大部分礁石隐没在水下，露出海面的成为珊瑚岛。500多个珊瑚岛，星罗棋布散落在海面上，使那里成为海洋生物生活的"乐园"。

蚯蚓的再生本领

蚯蚓被截为两段后，它断面上的肌肉组织就会加强收缩，一些肌肉细胞快速溶解，形成新的细胞团。这时，蚯蚓体内的一部分未分化的细胞马上就被输送到这里，形成再生芽。其体内的器官、神经系统以及血液等组织细胞，通过大量、快速地繁殖，迅速地向再生芽里生长。这样，切面上就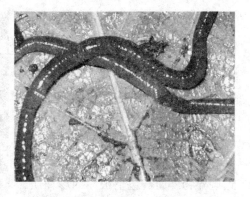会快速地再生出另外一个头来。同样，另一端也会自然生出一条尾巴来。所以，一条蚯蚓被截成两截以后不会死，而且能够再生，变成两条蚯蚓。

蚯蚓也叫"地龙"，它生活在潮湿、疏松、富含有机物的土壤中。它其貌不扬，身体柔软，长而圆，由多个体节组成，体表富有黏液。体节上生有刚毛，蚯蚓就是靠刚毛钉住地面以及体壁肌肉的舒缩，来使自己的身体波浪式地向前蠕动。蚯蚓长期生活土壤里，感觉器官不发达，没有听觉，眼也已退化，只有感光细胞，对光有敏锐的反应。蚯蚓能使土壤疏松，其粪便能使土壤肥沃，号称"土壤营养师"。

蛤蚌里面长珍珠

海滨中的蛤、珍珠贝以及淡水里的蚌等贝类的最里层是"珍珠层",它是由外套膜分泌的珍珠质组成的。当寄生虫、沙粒等异物钻进蛤、蚌的壳里时,它们一时无法将这些异物排出,受到痛痒的刺激后,就分泌珍珠质来包围它。天长日久,这些异物外面被包上很厚的珍珠质,最后变成了明亮的珍珠。

珍珠项链

今天,在珠宝店里看到的珍珠基本上是人工养殖的产品。人们将一颗核注入蚌或蛤中,一般两年后就可以收珠了。这个人工养殖的方法是由日本的御木本幸吉发明的,他于1896年获得了这个生产方式的专利权。

一开始,御木本幸吉使用一种比较小的珍珠蛤来生产珍珠,这种蛤本身只有6至7厘米大,因此直径大于10毫米的日本珍珠是非常昂贵的。最近数十年中,在南太平洋和印度洋,人们用比较大的珍珠蛤来生产珍珠,因此大于14毫米的珍珠已并不鲜见。

世界上最大的珍珠"老子之珠"重达6 350克,差不多有一个西瓜那么大。这颗稀世珍宝现藏于美国一家银行的保险库内。

这颗珍珠是1934年的一次悲剧换来的。据说,当年在菲律宾山区,有一名酋长的儿子和朋友们一起到海边游泳,突然听到酋长的儿子一声惨叫,随即就不见了人影,人们立即潜入海里寻找。当在海底寻到酋长的儿子时,发现他的右手已被一只砗磲贝紧紧夹住,人们用铁棒把巨贝敲开后,意外地发现这颗"珍珠之王"。

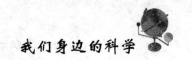
在灯下"开会"的昆虫

昆虫是用气味、温度、地心引力、光线等来辨认方向的。但不同种类、不同生理状态的昆虫，辨认方向的方法也各不相同。许多有翅昆虫向有光的地方飞，这叫做趋光性。这些具有趋光性的有翅昆虫在夜间飞行时，看到路灯，便会聚集在灯光下。

各种昆虫对不同强度的光有不同的反应，而且昆虫对不同颜色的光也有不同的反应。有些喜欢吃虫的生物也会围着灯光转，在那里找虫吃。

研究表明，全世界的昆虫可能有 1 000 万种，约占地球所有生物物种的一半。

世界上最重的昆虫是热带美洲的巨大犀金龟（鞘翅目犀金龟科）。这种犀金龟从头部突起到腹部末端长达 155 毫米，身体宽 100 毫米，比一枚最大的鹅蛋还大。其重量竟有 100 克，相当于两个鸡蛋的重量。从体长来说，最长的昆虫是生活在马来半岛的一种竹节虫，其体长有 270 毫米，比一支铅笔还要长。世界上最小最轻的昆虫是膜翅目缨小蜂科的一种卵蜂，体长仅 0.21 毫米，其重量也极其轻微，只有 0.005 毫克。折算一下，20 万只才 1 克，1 000

万只才有一个鸡蛋那么重。

昆虫具有很高的营养价值，它的蛋白质的含量一般在 30～72%，比如蚂蚁，除了牛肉所含的蛋白质超过蚂蚁外，鸡、鱼、猪肉和蛋都不及它。至于维生素 B_1、B_2 的含量，蚂蚁更是名列前茅。

如今，吃昆虫食品成为一种时尚，但吃昆虫不是现在才兴起的。我国向来有"北吃蝗虫南吃蝉"的习惯。蚁卵酱、炸蝉、炒蜂，是周朝帝王御膳的盘中餐。今天，哈尔滨流行的蚕蛹食品多达四五种。在非洲南部一些国家，许多人嗜好吃毛毛虫，这种虫是一种大帝蛾的幼虫，长达 10 厘米，可油炸、红烧、白焖，也可制成肉虫干。据说成年人一天吃 20 条虫，就能满足人体一天对钙及磷、铁等微量元素的需要呢。

二、我发现了科学

四脚蛇真的有毒吗

夏天，在路边、在草丛中，经常可以看到一种形体像蛇、身体有鳞片的四脚蛇。听人说，四脚蛇有毒，要是被它咬了，皮肤会红肿，继而腐烂。四脚蛇是不是真的有毒呢？为了探个究竟，我们兴趣小组对它进行了研究和实验。

首先，我们捉来一条四脚蛇，把它麻醉后，放在解剖盘上固定。然后用一次性针筒在它的嘴里吸取 0.5ml 唾液，倒入烧杯再加入 3ml 水，使唾液和水均匀混合，接着将一只小青蛙放入其中，一小时后，青蛙安然无恙。是不是时间太短？就让它呆一晚上吧。结果第二天早上，我们发现小青蛙还没死，自由自在地在水中游着，挺惬意的。是不是浓度太低了呢？为了使我们的实验准确可靠，我们又到田野里抓了四条四脚蛇，按昨天同样的方法进行了实验，结果，小青蛙还是没死。由此看来，四脚蛇对小青蛙没有致毒作用。

那么四脚蛇对其他动物是否有影响呢？我们抓来一只花猫，把 0.9ml 唾液涂在猫的身上，观察是否有异常情况，结果，两天之后，我们发现猫毫发未伤。至此，我们开始对人们关于四脚蛇的危言有所放松，并进一步增加了对四脚蛇毒性研究的决心和信心。我们决定在自己身上做实验，研究四脚蛇对人是否有影响。

我们从四脚蛇的嘴里吸取了 0.5ml 唾液涂在自己身上，刚开始觉得皮肤有点凉，过一会儿，就什么感觉也没有了，无不良反应。半小时后，皮肤仍旧无反应。由此说明，四脚蛇对我们人类皮肤没有致毒作用。

通过以上实验与研究，我们明白了四脚蛇对人类并没有致毒作用。经过查阅《小博士知识库》，我们还知道四脚蛇其实就是蜥蜴和石龙子，它们主要分布在我国广东、浙江等地，以捕食蚊子、苍蝇、蟑螂等害虫为主，是人类的好朋友，我们应该保护它们。

认错妈妈的黑蝌蚪

"池塘里有一群小蝌蚪，大脑袋，黑身子，甩着长长的尾巴，快活地游来游去。"这句话对小朋友来讲，不会感到陌生。它就是二年级语文——《小蝌蚪找妈妈》这篇课文中的第一句话。课文讲述了黑蝌蚪渐渐长大，并找到青蛙妈妈的故事。

可是，自然课老师却对我说："青蛙妈妈不会认那些黑蝌蚪的，因为那不是她的孩子。"是语文书错了还是自然课老师错了？我们生物兴趣小组的伙伴们一商量，决定自己养蝌蚪，瞧瞧到底是怎么回事。

3月7日，天气还比较冷，在学校附近的池塘里，我们发现了黑身子的蝌蚪，一群群地游来游去。用脸盆一舀，就有百来只。我们将捕来的蝌蚪养在玻璃缸内，精心照料，可不知怎么回事，每天都有十多只蝌蚪死掉，不到一星期，就损失了近一半，剩下的也都病恹恹的。老师说："蝌蚪不宜多养，它们之间会排出毒素，影响了水质。"哦，原来如此！我们重新捕了二十多只，这次照料得更加细心，蝌蚪也不负众望，长得很快，一星期后，它们的身子已长成罗汉豆大小，后腿也开始出现。这时，有同学告诉我们，在田间的沟里有灰色的蝌蚪。我们来到田间，只见一些灰色的蝌蚪静静地卧在沟底。人影一晃，它们便四处逃窜，我们用网兜捕了好一阵，才捕到二十多只，把它们养在另一只缸内。灰蝌蚪的样子与黑蝌蚪差不多，最大的区别是：灰蝌蚪有白白的肚皮，而黑蝌蚪浑身发黑，肚皮很薄，可依稀看见内脏。

4月初，黑蝌蚪的后腿已成形，身子的前端也出现了小腿，整个身子的颜色稍稍变淡了一些。接下来的一星期里，它们的前腿长得很快，而身子仿佛停止了生长，圆圆的肚子变长了。我们在水中放了两根木条。四五天后，木条上面爬上了一群黑乎乎的小"丑八怪"：大眼睛，大嘴巴，四条腿，拖着一条小尾巴，背上还有一些细小的疙瘩，是癞蛤蟆！

那青蛙是怎么来的呢？难道是那些灰蝌蚪变的吗？灰蝌蚪的成长过程与

黑蝌蚪基本相似，只是灰蝌蚪长得有大有小。十多天后，有的已有蚕豆大小，有的只有大豆那么一点，大家认为这些小的肯定会死，长不大了。奇怪的事情出现了，那些小的蝌蚪渐渐长出了后腿，而大蝌蚪的腿却不见动静。当小蝌蚪的后腿已成形，前腿开始出现时，大蝌蚪才刚刚出现红红的后腿。过了八九天，小蝌蚪已变成小蛙，拖着尾巴爬上了木条，大蝌蚪还在水中静静地待着。木条上的小蛙白肚灰身，同小蛤蟆差不多大，它们的身子最多只能长成我们大拇指那么一点长。又过了一星期，那些大蝌蚪变成的蛙才拖着尾巴陆续爬上了木条，它们的背上有一些绿、灰、黄等颜色的美丽条纹，身体比小蛙大一倍左右。

老师告诉我们：蟾蜍，俗称癞蛤蟆，和青蛙同属两栖类，它们的幼体都叫蝌蚪，但生长习性有所不同。蟾蜍冬眠于水底淤泥，而青蛙则在陆地上挖穴过冬。来年春天，蟾蜍产卵较早，卵在水底呈带状，其蝌蚪色黑，喜欢成群活动。而青蛙产卵相对滞后，卵呈团状在水面，蝌蚪呈灰色或青灰色，喜欢单独活动。

若不是亲手养过，亲眼见过，我们还真不敢相信，黑蝌蚪会是蟾蜍的孩子，我们要告诉小弟弟、小妹妹，黑蝌蚪认错了妈妈。黑蝌蚪长成后，应到菜园里去找蟾蜍妈妈，而青蛙最多也只能当它的"干妈妈"。

我发现了猫会自己治病

我曾不止一次地看见：家里的小猫在一个长满杂草的大花盆里找一种草，然后把它吃下去，过了一会儿，小猫把肚里的东西全都吐出来了，变得很轻松，这件事引起了我的好奇心。

我为此去查阅资料，终于在《科学故事》上找到了一篇故事：一条蛇被打伤了，它挪到一块树底下有草的

地方，翻了几翻，滚了几滚，伤口居然愈合了。难道小猫也是在治病吗？它治的是什么病？吃的是什么草？

想到这儿，我赶忙找了点变质的鱼装在碗里，送到小猫面前，它一会便吃了下去。果然，过了一会儿，小猫又跑到那个长满杂草的大花盆前乱拨着。它的头伸向一丛草里，我看清了是哪一种草，连忙把它拔下来一棵，装在衣袋里。小猫用嘴咬住草，嚼着嚼着，没多久，整根草被它吞进肚子里去了。

只见它的肚子慢慢蠕动着，发出"叽里咕噜"的声音，"哇"的一声，小猫把肚子里的东西全吐了出来。我一看，那些吐出来的东西里有些呈暗绿色，这就是小猫刚才吃下去的草吧，小猫吐完了这些东西，好像卸掉了身上的一块大石头，一下子轻松了许多，又跑到别处玩去了。

发现了这个问题，我只有一个疑问了：小猫吃的是什么草呢？我带着那种草来到学校请教自然老师，老师告诉我，这是"牛盛草"，能治肚子痛。

从那以后，我懂得了一个道理：各种动物都懂得爱护自己。人生病了要请医生，猫病了也要找草药治疗。

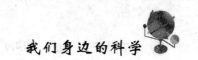

苍蝇的秘密

一天，我和爸爸出去吃早点，看见许多苍蝇趴在墙上，我无意中看见一只绿眼睛的苍蝇歇在墙上，起初它的头是朝上的，但一停下来就转了方向，变成头朝下了，脚还不停地搓着。我很好奇，便仔细地观察起来，竟然发现几乎所有的苍蝇都是如此。我迷惑不解：它们是怕人，形成了习惯呢？还是因为地球引力或磁场的作用使它们的头朝下呢？为了弄明白这个问题，我回家上因特网查了许多关于苍蝇的资料和图片，可是都没有提到苍蝇的这个"秘密"，我多么想知道这个"秘密"呀。可是，只"想"是无济于事的。因此，我做了一个实验。我在苍蝇停歇地的上方挂了一块磁铁，可是苍蝇们并没有什么反应，它们没有把头转向磁铁所在的方向，我有点失望。我打算继续作一些调查，争取能揭开苍蝇其他的一些秘密。

苍蝇是一种完全变态的昆虫，其生活史一般分为卵、幼虫、前蛹、蛹、成虫等几个时期，但也有一些蝇种如麻蝇不产卵而直接产幼虫。成虫期是蝇类的繁殖期，它们繁殖的速度非常快，据说一个没处理好的垃圾桶，每星期可产蛆两万条。苍蝇有趋光性，主要在白天活动，夜间则静止栖息。我仔细地观察过，进入房间的苍蝇总是在窗户前转来转去，当我去追打时它们就直往窗户上扑，也许它们以为有光亮的地方会比较容易逃跑，比较安全吧。常见的家蝇、大头金蝇、丝光绿蝇以及丽蝇、麻蝇等都是杂食性蝇类，可以取食各种物质。苍蝇非常爱脏，经常到一些肮脏的地方去吃各种腐败的食物，因此，身上沾满了各种病菌。以家蝇为例，它非常贪吃，总在不停地吃东西，吃饱后几分钟就排泄粪便，它常常在人们的食物上边吃、边吐、边拉，对食物造成严重的污染，并把许多疾病传给了人类。可是，它们自己却从不感染，这又是为什么呢？原来苍蝇的体内有一种"抗菌活性蛋白"，具有强大的杀灭病菌能力，只要达到万分之一的浓度，就可以杀灭多种细菌和病毒，这就是苍蝇不被感染的"防弹衣"。要是我们人类也能穿上这种"防弹衣"，那该多好呀！最近，我在网上看到一条消息，说英国的科学家成功地培育出了世界上第一只转基因蚊子。这是一种不叮人，特别是无法传播疟疾的蚊子。我好兴奋，暗暗地想：哎，要是苍蝇也能转基因，不再去什么垃圾堆、粪池等肮脏的地方，那就好了，免得苍蝇整天像个长翅膀的"脏球"满天飞。

其实，每种昆虫都还有好多好多的秘密，正等着我们去观察，去发现，去探索呢。

我们找到了厕所节水的窍门

学校新修了厕所，卫生、美观、舒适。可是，开学几天以后，我就发现男厕所的小便池发出难闻的气味，充满了整个男厕所空间。于是，我找来好朋友纪晓晨、蒋竞明一起想办法解决这个问题。

我们发现，小便池的上面有一个冲水器，用手动开关控制。只要打开开关，冲水10秒钟，臭味就没了。可是，谁来控制这个开关呢？我们带着这个问题去找教自然课的冯老师。

冯老师没有回答我们的问题，倒是问我们："你们看怎样解决这个问题？想出的方案越多越好，我们从中选最好的方法。"

三天以后，我们列出了几种方法：

（1）早晨，同学们来校后，开始用厕所了，由校工师傅打开冲水器，晚上再把冲水器关闭。这样一天要冲约10小时的水，会没有臭味了，可是太费水了。

（2）学校再增加一个工人师傅，每次上课时冲一次水。冯老师说，学校不能再增加工人了。

（3）专设值周学生，每次上课铃响后冲水。老师说，不行，影响同学上课。

（4）把手控开关改为电脑控制开关，定时冲水。

万万没有想到，冯老师选中了第一种方案，说这种方法可行性强，最容易实行。我们说，太费水了，冯老师却反问我们："会用多少水呢？"

我们几个都很着急，因为如果学校真的采用了这种方法，每天要费多少水啊！必须测量出一天（约10小时）要用多少水，才能说服冯老师。我们想出了一个方法，就是把小便池的下水口堵住，放一分钟水，再把水收集起来进行测量，通过计算，就能知道一天大约用多少水了。可是，怎么收集水呢？

我们又去问冯老师，学校有没有抽水机可用？冯老师说："没有。能不能用别的方法？比如，反过来想这个问题，测量用多长时间放一池水呢？"我们

恍然大悟。

于是，我们和冯老师一起，把小便池的出水口堵严，打开冲水器的开关，放了 5 分钟水，再量出水池长 364 厘米，宽 37 厘米，水深 16 厘米。经过计算，这一池水是 215.488 千克。

有了这个数据，我们很快就算出（表一）：

时间	5 分钟	1 秒	10 秒	1 小时	1 天（按 10 小时计）	1 个月（按 20 天计）	1 年（按 10 个月计）
冲水量	215.488 千克	0.7017 千克	7.017 千克	2.59 吨	25.86 吨	517.2 吨	5172 吨

计算的结果，让我们大吃一惊！我们这样一所普通的小学校的一个小便池，如果常冲水，一年要用掉 5172 吨水！北京市有多少所学校，要用掉多少吨水？北京是一个严重缺水的城市！这个问题必须解决，必须尽快地解决！

我们在冯老师的指导下，做了这样的设计：用学校一台已经不用了的原来控制电铃的程控器，把手动开关改为电磁阀，由电脑控制电磁阀，每到上课铃响后，冲 10 秒钟水。把整个装置放在一个有锁的铁箱中，电磁阀由低压电操纵。星期天，我们和冯老师、工人师傅一起安装好这个设备。

经过这些天的试用，厕所臭味没了，效果真好！有好多男同学都在厕所里等着看冲水：到时了，程控器发出美妙的乐曲声，同时冲水器自动开启，水哗哗地流了出来，10 秒钟一到，冲水骤然停止，好不神奇！

我们又作了一次计算（表二）：

时间	1 次（10 秒）	1 天（冲水 10 次）	1 个月（按 20 天计）	1 年（按 10 个月计）
冲水量	7.017 千克	70.17 千克	1.4 吨	14.03 吨

和表一所列的数据对比，特别是一个月的 1.4 吨与 517.2 吨比；一年的 14.03 吨与 5172 吨比，我们感到我们成功了，非常有成就感！

对木瓜生长期的观察

我们山东临沂市河东区汤河乡盛产木瓜，木瓜汁营养丰富，老少皆宜，深受广大人民群众的喜爱，成为"临沂一宝"。为此，我们临沂二小生物特长小组对木瓜的开花、结果、成熟三个阶段，特地进行了实地考察。

一、考察情况

4月份，是木瓜的开花季节。

4月8日，我们生物特长小组，第一次来到汤河乡兆国木瓜研究所进行考察。

木瓜属落叶灌木或乔木，蔷薇科，株高 2m 左右，冠幅直径大约在 1.5m 左右，枝上长有稀疏的刺，叶子是卵圆叶，因品种不同，长短也有区别，边缘呈锯齿形，前端较尖，颜色为绿色。花形如海棠花，大小不一，颜色有深红、淡红和白色。平均每株树开花 100～800 朵，株行距多为 2m×3m 左右。据专家讲，这样栽木瓜通风、透光，产量高。

木瓜对土壤的要求并不高。专家讲：我国北至辽宁、西到新疆、南到四川均能栽植；耐旱、涝，抗病性能强；对土壤要求不高，很适宜密植和间作。如与小麦长期间作，株行距控制在 1.5m×6m，则每亩可产 500 千克麦子和 1500 千克木瓜，木瓜营养枝可利用率高，基本不用修剪，自花传粉，结果多。若管理好，年年都可获大丰收。

4月份也是木瓜嫁接的时节，这样可以提高木瓜的产量。生物特长小组在木瓜研究所管所长的指导下，学习并操作了两种嫁接方法：

1. 芽接。在野生木瓜枝上将表皮切一 1.5cm 长的口，选优良品种枝条上的芽带表皮切下，嵌入切口，上下露"白"，用塑料薄膜包扎，再用线固定好即成。

2. 嵌芽接。在野生木瓜枝条上将表皮切一"T"形口，将竖切口上端一边的表皮掀起，取一选好的木瓜枝条剪下一长 1.5cm 的带芽表皮，嵌入劈开的野生枝条的表皮内，用塑料薄膜及线扎好即可。

木瓜在未嫁接之前叫实生苗，嫁接就是选取优良品种嫁接在实生苗上，目的有二：一是提高产量；二是发现新品种。

这次考察，我们还制订了对一株木瓜树进行播放音乐的实验计划，即每天在早晨 8～9 点、中午 3～4 点，利用录音机，播放 2 小时的轻音乐给木瓜树"听"。

5、6 月份是木瓜的结果期。6 月 6 日，我们全体成员又一次来到木瓜研究所进行考察。这时花已落，果已结。

我们发现木瓜与苹果等不同，木瓜直接结在枝条上，无果柄。叶子生长旺。这期间，要施果实膨大肥。经测量，播放音乐的木瓜大小与其他相比，变化不大。

8、9 月份是木瓜成熟的季节。9 月 3 日，我们考察小组第三次来到木瓜基地进行考察，这次未进瓜园，先闻到瓜香，"一品香"秀色可餐，呈金黄色，长 8～12cm。"长俊"身强体壮，长度在 19～26cm 之间，像挂在树上的大地瓜。树上的叶子已基本落光，有的瓜也落在地上，有的枝条上一处竟结出 5～6 个瓜，平均亩产在 7500 千克。此时，能看到先前"听"了音乐的木瓜长得稍大一些。管所长说："音乐能刺激木瓜细胞的增长。"

二、考察结果

我们将带回的木瓜在科研单位的帮助下，通过化验和查阅资料得知，木瓜内含有 17 种氨基酸及多种营养元素，远远超过苹果内的营养成分。木瓜每种营养成分的含量几乎是苹果的 2 倍，维生素 C 则是苹果的 48 倍。

经向医学家及营养学家咨询得知：常吃木瓜能平肝和胃，舒筋活血。其中，维生素 C 抗坏血酸，阻止人体致癌物质亚硝胺的合成。若一成年人每天食用 50 克沂州木瓜，便基本满足人体对维生素 C 的需求量。

经向市场调查得知：木瓜由于仁小、损耗少，耐运、耐贮、用途大，除药用价值外，目前已加工成罐头、果冻等十几种木瓜食品和果汁、药酒等饮料，还能生产木瓜系列的美容保健品，用途广泛，经济效益可观。单从木瓜汁这一项来说，500 克木瓜可加工成 12 瓶木瓜汁，若按每瓶 1 元计算，5000 千克木瓜就可收入 10 万元。

三、考察结论

1. 因木瓜适应性强，易管理。成熟期集中，营养价值高，药用价值高，经济效益可观，所以可在我区大量栽培。

2. 木瓜浑身是宝，我市应充分发挥沂州木瓜的经济效益，创更多的外汇，为世界人民带来健康。

木瓜在生长期管理中，比北方其他果树如苹果等更简单、容易，适合大众栽培。

蚯蚓 "鲜为人知" 的秘密

老师要我们研究蚯蚓，于是我在外婆家的橘子林里阴暗潮湿的地方，用铲子找到了四五条蚯蚓，它们的个儿挺大的，我估计长的有10cm，短的有5~6cm，要是你用尺子去量，可没有那么容易能量出来的，你知道为什么吗？它们可是一伸一缩的。伸长的时候，它们会变细；缩短时却又变粗了，真像一根粗橡皮筋。我想蚯蚓的 "皮" 比橡胶的弹性还要好，可能是这黑色的土壤里营养比较好的原因吧。它们都很活泼好动，刚抓出来时，它们还要拼命地弹跳几下。乖乖，别闹了，你还是老老实实地住进我的大口瓶吧。它可能担心我要把它闷死，不会，我早已为它钻了出气孔。为它铺好了肥沃的泥土，准备了 "食物"。

等啊等，终于盼到了上常识课，我们分组进行了讨论思考，我们组选择了几个最感兴趣的问题，并进行深入的研究：

1. 蚯蚓有没有视觉？
2. 蚯蚓有没有嘴？
3. 蚯蚓怎样吃东西？
4. 蚯蚓身体表面一节特别粗的是什么？
5. 蚯蚓在水里会不会游泳？会不会淹死？
6. 蚯蚓是怎样爬行的？在玻璃上爬得快还是在白纸上爬得快？

一、蚯蚓的 "育儿带"

你可能从来没有听说过蚯蚓的 "育儿带"，这不是你少见多怪，而是因为这个名字是我们取的，它的科学名字叫做 "环带"，也叫做 "生殖带"。我们在做实验的过程中，用放大镜观察，发现蚯蚓的身体是一节一节的，其中有一节特别粗，再仔细一瞧，里面还有一颗一颗白色的像珍珠一样的东西，这是什么呢？我首先想到，这可能是蚯蚓的卵吧。于是我又用放大镜仔细观察，这时我看见蚯蚓的卵在慢慢地往尾部移动，我想这大概是蚯蚓快要产卵的征兆吧，我目不转睛地盯着这条蚯蚓，希望它快一点产卵，可是蚯蚓好像怕羞似的，偏偏不产卵。放学后，我又去观察，终于看到了蚯蚓产卵的过程。我看到蚯蚓的尾部慢慢地扭动着，一粒一粒地排出卵，开始有一点红色，慢慢地变成白色的了。大概许多同学还没有亲眼目睹蚯蚓产卵的过程吧，我这回可饱了眼福了！

二、蚯蚓有"游泳"的本领

蚯蚓会游泳吗？在水里会淹死吗？谁也说服不了谁。双方各执一词，认为会淹死的理由是蚯蚓不会游泳，在水里无法呼吸，肯定要淹死。而另一种意见认为蚯蚓可能会游泳，并且说海里有一种像蚯蚓的动物会游泳。事实胜于雄辩，做实验吧！而实验的结果，又出乎我们的意料，我们都错了！把蚯蚓放进水里后，蚯蚓先是沉到了水底，然后在水底爬啊爬，终于它找到了杯壁，于是就沿着杯壁头朝上慢慢地爬出来了。奇了，蚯蚓还有顺着玻璃杯壁往上爬的"绝招"？它是依靠什么在光滑的玻璃上吸附住的呢？难道它像壁虎一样有特殊的结构？这个问题有待于我们进一步研究。

在玻璃上爬行并不慢

我曾经在《小学科技》上看到过一个小同学的实验结果，蚯蚓在玻璃片上不会爬行。真的如他所说的那样吗？我们把蚯蚓分别放在玻璃片上面和白纸上，然后用小木棒去拨动它们，哦，真的，在玻璃片上的蚯蚓爬行缓慢。我们突发奇想，如果在它们身上加一些水，爬行速度会不会改变呢？于是分别在两条蚯蚓上洒了一些水，啊，这下玻璃上的蚯蚓来劲了，快速地爬动起来，而白纸上的蚯蚓呢，并没有多大的变化。原来蚯蚓的运动不仅与物体表面光滑程度有关，而且与有没有水也有很大的关系。为什么呢？我们猜测是水起了润滑剂的作用。实际是不是这样，有待于我们进一步研究。

关于蚯蚓的秘密还有很多，让我们来共同研究，发现更多的关于动物的各种秘密吧！

甘蔗特甜的秘密

星期天，妈妈说鸡笼里的鸡屎太多，要我把它撮出去倒在菜园里肥田。我提满一桶鸡粪，胡乱地倒在了菜园的甘蔗地里。

甘蔗成熟后，我随手砍了一根，洗净后一吃，哇，好甜啦！我家甘蔗怎么一下子就变得这么甜了，我疑惑不解，于是，跑到甘蔗地里一看，我刚才砍的那根甘蔗，正是我以前倒鸡粪的地方。难道是我用鸡粪施肥，甘蔗才变得这么甜吗？我决定来做个实验。

第二年，经爸爸同意，我在菜园里种了三行甘蔗，种植、管理的方式方法都是一样的，只是第一行用化肥，第二行用猪粪肥，第三行用鸡粪肥。转眼间，又到了砍甘蔗的时候，我兴奋地拿起镰刀在每行甘蔗中各砍了一根，洗净后，每根都吃了一口，发现鸡粪肥的甘蔗是最甜的，用猪粪肥的甘蔗其次。我将这个新发现告诉了妈妈，妈妈平时的话最多，这事一会儿就传开了，左邻右舍都改用鸡粪肥甘蔗，得到了好收成。邻里的伯伯是卖甘蔗的，自从改用鸡粪肥甘蔗后，他的甘蔗生意一直都很好。大家都不停地赞叹着，我的心里也有说不出的高兴。

蜗牛的体液有杀蚁功能

　　我在观察蜗牛的时候，无意间把一只蚂蚁吹进了蜗壳。当蚂蚁被蜗牛顶出壳时，蚂蚁已神秘地死了。蚂蚁只是接触蜗牛就死了，是否可以认定蜗牛身上分泌的体液具有杀蚁功能？

　　为了揭开这个谜，我用杯子盛水，把蜗牛放在水里浸泡，制成蜗牛体液溶液。我用小棍子蘸溶液为匆匆赶路的蚂蚁划定了一个圈，被圈的蚂蚁无可奈何地打转转，而不敢接近圆圈。蜗牛的体液确实使蚂蚁望而生畏。

　　我把这杯蜗牛体液溶液倒进一个蚁穴。过了一会儿，蚂蚁倾巢被灭。蜗牛分泌的体液具有杀蚁功能已确信无疑。

　　蜗牛的体液既能驱蚁，又能灭蚁，它由什么成分组成？它的杀虫功效有多大？杀虫范围有多广？怎样提炼它？能否合成它？如果弄清了其中的秘密，我们便可以制造出新的防蚁剂和灭蚁药，来对付蚂蚁。最好能惩治白蚁或其他害虫。

青菜养蚕的秘诀

今年，我参加了陈老师组织的饲养兴趣小组，收获很大。前些日子，陈老师给了我们小组一个"工作"——养蚕，并且送了许多蚕卵给我们。

还别说，养蚕还真有趣。两天后，小蚕宝宝就出生了。小蚕宝宝全身黑黑的，像小芝麻。我用干毛笔把它刷到桑叶上，开始了喂养工作。

十几天过去了，小黑点变成了一条条又瘦又干的蚕，我们赶忙又去拿了几片新鲜桑叶放在盒里，给它们吃。一会儿，小蚕都来吃桑叶了，桑叶没过多久就被吃光。于是我们又跑到陈老师那儿拿桑叶给蚕宝宝吃，可是陈老师那儿桑叶也没剩多少了，我们全部拿了过来。这天总算是打发过去了，可明天怎么办呢?

我真希望自己能变出一大堆桑叶来，可这是不可能的。我们小组一起商量解决，江颖说："我们轮换着叫爸爸到乡下去买吧。"我们否决了她的意见，我提议说："我们拿青菜叶试试吧。"大家都认为吃青菜的不是蚕，是青虫，否决了我的意见。我说："自然老师常对我们说，什么事都要尽量去做一做，才有发言权。"大家没有别的办法，就只好采用我的方法。于是，我们拿出两条小蚕，向种植组的同学要了几片青菜叶，开始做起了实验。可是第二天一看，青菜叶子真的连一口都没动。

这个失败没有让我气馁，反而引发了我的新问题：为什么蚕只吃桑叶，而不吃其他菜叶呢? 我准备再做一个实验，我把实验方案告诉了陈老师，在陈老师的帮助下我们又重新找来了一些桑叶。于是，我把桑叶榨成浓汁，喷洒在菜叶上，然后放进盒子里。没想到，蚕闻到桑叶的味道，真的吃了起来。

"我成功了! 我成功了!"我捧着小蚕就往陈老师办公室里跑。于是，我像科学家一样，作起了表演……当蚕宝宝闻见了味道，一起围攻菜叶时，大家沸腾了……

陈老师说："小施的发现，让我们终于可以用自己的方法来饲养蚕了，终于解决了我们城区同学由于没有新鲜的桑叶，而无法养蚕的难题……"

陈老师的话仿佛现在还在我的耳边，但更重要的是在活动中，我真正体会到了：做任何事，都要开动脑筋，要敢于去试一试、做一做，很多时候就会有新的发现。

喝饮料学到的新知识

　　夏天，妈妈去市场买东西，顺便给我带回一小瓶果汁。我想：冷冻一下才够凉快呢，于是就把果汁放进冷冻柜里。过了一会儿，拿出来一看，嘿，全结成冰了。我把冰果汁放在茶几上，准备等它融化后再美美地享受一番。

　　等啊等啊，终于，部分果汁融化了。淡黄的冰水多诱人啊，先喝一口解解馋吧。啊，比蜜糖还甜，真好喝！可惜太少了点，唉，耐心等它再融化吧。

　　冰块慢慢地变成了水，我一口一口地把它喝下肚去。喝着喝着，我突然有了一种奇怪的感觉：这果汁越来越淡，到最后就像白开水一样了，这是怎么回事呢？难道是果汁有什么问题吗？

　　想到这儿，我站起身去找爸爸妈妈问个究竟。谁知他俩也说不明白。我们三个决定分头查找资料，寻找答案。

　　"找到了，找到了！"妈妈兴奋地喊道："你们快看！"果然，我的《生活百科知识》一书上提到了这点。原来，果汁是糖和水的混合物，结冰时相同物质被冻结在一起。水先开始冻结，然后水以外的糖再冻结。而在融化时情况正好相反，有大量糖的地方先融化，所以最初喝的果汁特别甜，而越往后喝越淡，最后几乎成了白开水了。

　　人们常说：生活中处处都有学问。这话的确不假，我这不就是喝饮料喝出了见识吗？

守网待虫

在一次打扫卫生时，我发现客厅的日光灯周围，蜘蛛网特别多，就问爸爸："为什么这盏灯周围的蜘蛛网要比其他地方多？"爸爸说："星期六带你到爷爷家观察一下，你就可以找到答案。"

周末，我们到了乡下爷爷家。晚上，灯亮的时候，我开始仔细地观察灯周围的变化。开始时，灯周围静悄悄的，除了旁边有蜘蛛网外，没有什么可疑的现象。可过了一会儿，一只小飞虫不知从什么地方冒出来，开始在灯周围转圈子。小飞虫多起来了，两只、三只……一会儿工夫，就有一群小飞虫围着灯泡飞来飞去，有的甚至撞上了灯泡的玻璃壁，也照飞不误，赶都赶不走。我把灯关了半小时，又开灯，结果这些小飞虫见灯亮了，又围过来了。爸爸说："这些飞虫都有'趋光性'，在夜里喜欢往亮的地方飞，如果在灯下放只水缸，装上水，滴上几滴油，就能捕杀这些飞虫。"

这些小飞虫正飞得起劲，已忘记了旁边的危险。突然一只飞虫撞到旁边的蜘蛛网上，这时不知从什么地方爬出来一只蜘蛛，将身子一抖，吐出一口液，速度非常快，飞虫根本来不及作出反应，就被凌空而下的黏液粘住了。这时，高兴的蜘蛛不慌不忙地上前，用毒牙中的毒液完成捕猎的最后工作。又见它带着胜利的喜悦，吐着丝飞快地退回，等待下一只飞虫的到来。

看到这里，我明白了。因为飞虫的趋光性，喜欢往亮的地方飞，而蜘蛛就利用这个特点，把网结在灯的周围，守网等虫，可以美美地饱餐一顿。

大自然真是奇妙啊！

谁是"真凶"

我们学校种有各种各样的树，其中教学楼背后就有一棵树龄达 10 年之久的桃树。记得去年这棵桃树上结了许多小巧可爱的桃子，我和同学都在树下仰头数过桃子呢！今年，这棵桃树却与众不同，都 4 月初了，还默默无闻，似乎春天的来临与它无关，既没有长出一片新叶，更没有开出一朵桃花！

出于好奇，我们把这棵树仔仔细细地观察了一番。发现它的树皮已干枯脱落，折下一根树枝一看，本来内部应该是白色的树枝条已变成了棕灰色，看来桃树的确已经死了。我们注意到泥土很湿，怀疑它是烂根而死。

于是，我们就刨开泥土，发现树干与根的分界处有许多小洞，就找了根木棒瞎捅一番，一股实实的感觉，完全不像烂根的样子。既然根部完好，桃树死于烂根的原因被排除了。

那又是什么原因呢？

我们再一次对整棵树进行了彻底的检查。这时，有个同学一不小心踢下了一块树皮，新的线索又展现在我们眼前。树皮脱落的部分有几颗白色的小虫在爬动。于是我们就七手八脚地把树皮扒个精光，呈现在我们面前的景象令我们吃惊：这棵桃树的树干上到处爬满了小白虫。我们捉了几只放在放大镜下，看到它有强壮的腭，白色的头部，很像白蚁，可它的腹部却是红色的，与书上的白蚁图片对照，也没分出个所以然。大家议论纷纷，各有各的说法，最后我决定把它送到白蚁防治所去鉴定。白蚁防治所的叔叔告诉我，这确实是白蚁，它叫"散白蚁"，它不仅能在短时间内将树置于死地，就连水泥它也照吃不误。

杀害桃树的真凶终于被逮住了。老师听了我们的汇报后，对"散白蚁"事件感到吃惊，马上向白蚁防治所提出了灭蚁申请，瞧，真凶被"绳之以法"啦！

茶水变成了"墨水"

同学们在生活中，一定都发现过一些科学秘密，但是你有没有去探根究底呢？告诉你，我这次不仅发现了秘密，还用实验证明了自己的发现。

那是国庆放假期间，我和几个同学做游戏。我把几枚锈铁钉放入装有茶水的杯子里，告诉小伙伴们这是我最爱吃的炖黄鳝。玩了一会儿，大家都腻了，就去玩捉迷藏，把刚玩的东西一起堆放在我家的窗户底下。第四天早上，我还在睡梦中，便听见妈妈在院子里大声嚷嚷："谁把墨汁放在杯子里了？这茶杯还能用吗？"我一听，坏了，是我从客厅里拿了一个茶杯做游戏，但我没放墨汁在里面呀！我一骨碌起了床，来到窗户下一看，果然我那天拿的那个杯子里有半杯墨水。这可怪了，我在杯子里明明放的是茶水和锈铁钉，才三天时间，怎么变成墨汁了呢？难道它会变戏法吗？于是我将那杯浓似墨汁的水倒了，发现里面还躺着那几枚铁钉，只是锈铁钉变成了黑铁钉。这是怎么回事呢？

我这人向来就爱动手动脑，这件事我非弄个水落石出不可！我重新找来几枚锈铁钉放入了茶水中，便搬凳子坐在旁边守着。大约过了两个多小时，茶水开始变色了。我见了，心里甭提有多高兴。到了晚上，我拿杯子一看，原来的黄色已变成咖啡色了。三天后，茶水才变得和墨汁一样。

我又想，把锈铁钉换成不生锈的钉子，行不行呢？我就用两个杯子做起了对比实验。三天过后，装锈铁钉的杯子里已变得一团漆黑了，而另一个杯子里几乎没有什么变化。

为什么茶水里必须放锈铁钉，才会有这样的变化呢？我查阅了许多资料，又去询问老师，最后终于弄明白了。原来，茶水里含有一种叫做单宁酸的物质，单宁酸遇到锈铁钉起了化学反应，两者结合，便成了黑色的水。

是呀，生活中的科学知识太丰富了！今后我一定要仔细观察，不断探索，揭开生活中形形色色的谜底，让大自然更好地为人类社会服务！

青蛙是怎么钻进土里去的

　　我原来认为青蛙冬眠可能是从鼠洞或从地缝中钻进土中去的，可是几天前的偶然发现，真让我大开眼界。

　　前几日，我在西山挖菜窖，当我挖到约80cm深时，一锹挖出一只青蛙来。我想这可能就是冬眠的青蛙吧。

　　我出于好奇，用手摸了摸青蛙的"住处"，感觉土很松，而"住处"的四壁却很硬。我不想伤害青蛙，但更想弄清青蛙到底是怎样冬眠的，于是我将青蛙放到了菜窖南面，又继续挖了起来。

　　过了大约10分钟，我一看青蛙怎么不见了。于是我用锹翻弄那些土块，可是翻弄了一会儿也没看见青蛙。我看准另一个地方用力挖下去，一下子就把青蛙挖了出来，这让我惊奇不已，才10分钟的工夫，青蛙竟能钻进20cm深的土中。这下我对冬眠的青蛙更加感兴趣了。

　　我又将青蛙放到了菜窖的北面，去挖南面。我不时偷眼看看青蛙的"行动"。不多时只见青蛙猛然一跳，跳到墙根，又静静地待了5分钟工夫。突然，青蛙两条后腿活动了几下，屁股往下用力，只有1分钟左右时间，青蛙就只有嘴和眼睛露在土的外面。又过了一会儿，青蛙再一用力，它完全钻进了土中，几乎不留一点痕迹。这让我看得发呆。

　　大概这就是动物的本能，适者生存吧。

神奇的力量

有一天，我拿着放大镜去观察小昆虫，把一只样子怪怪的、芝麻般大小的虫子抖落在河塘里，"欣赏"小虫在水中挣扎的情景。小虫子会游泳，它游到岸边拼命地往石块上爬，可是怎么也爬不上石块。为什么虫子从水面爬上岸会这么艰难？是它的力气不足，还是河水不让它上去？我想看个究竟，于是拿起放大镜对着虫子看，原来虫子全身上下都裹着一层"透明的纱衣"，只见虫子的几个爪子到处乱拽，怎么也破不掉这层水膜纱衣，被水膜裹着而爬不上岸去。我再找大一点的虫子做实验，结果有的能爬出水面……

我带着个大问号想：水膜到底有多大的力量？水膜能裹住一条多大的虫子呢？我去问自然老师，老师没有直接回答我，而是教我做了一个很有趣的实验：

用一根漆包线铜丝做成这个样子：底面是一个圆圈，上面接一个提把儿。然后把铜丝圈轻轻地放在水面上，我一看，简直就是奇迹——一个足足有小虫子几十倍重量的铜丝圈，居然能立在水面上而不沉下去。我百思不得其解，老师叫我轻轻地压一下铜丝圈的把儿，谁知轻轻一碰，它就沉入了水底，老师又要我把铜丝圈从水里轻轻地拿上来，当铜丝圈刚要出水面时，好像有一种力不让铜丝圈出来一样，再往上拿时，原来铜丝圈被一层水膜拉住……

老师说："水的表面有一层薄薄的水膜，别看它很薄，它的力量可不小呢！小叶片、小纸片和小塑料片等许多小物体都能停在它上面，连铜丝圈都能停在它上面。但停在水面上只是暂时的，一旦水膜破裂，它们都会沉到水里去的。"

这下子我全都弄明白了，水膜的力量确实有这么大，被水膜罩住的小虫子的力气太小了，是无论如何也弄不破它的，小虫子爬不出水面的原因就在这里。

我查过资料，液体的表面有张力，草叶上球形的露珠和荷叶上的水珠，都是水的表面张力所致。

鸡吃了小石子肚子会痛吗

有一天，我看见我家的鸡在吃小石子，连忙把它赶走，可没过多久它却在另一个地方啄起小石子来了。我想："如果我吃了小石子，肯定要上医院的，等一下这鸡要死了。"可两天过去了，它还是像往常一样，跑来跑去地找食物吃，有时还要把小石子当食物啄进肚子。这就奇怪了，莫非我家出了什么"奇鸡"了？我决定要自己解决这个问题。

我回到房间，开始思考。有了，我去查书。我翻遍了家里的书，终于找到了一本《动物生活常识》，里面有一篇写鸡的内容。

原来呀，鸡是没有牙齿的。这可是一个大新闻。它把米粒、麦粒和稻谷整个吞下去，吃这么硬的东西，而且没有牙齿，胃是不能消化的，所以，鸡

靠吃小石子、煤渣和碎玻璃渣帮助胃的消化。鸡的胃像一只厚厚的橡皮袋，叫肌胃，麦粒、米粒、小石子这些东西到了鸡的肌胃里，肌胃就动了起来，挤呀、磨呀忙个不停，小石子等也跟着翻动，把食物磨碎，就容易消化了。

怎样让蛋掉下来不碎

在一次科技活动课上，老师给我们提出了一个研究课题——怎样使蛋从二楼掉到一楼而不打碎。面对这个问题，我们想了许多方法，在蛋外面包上棉花，在一楼放个水盆等。后来，我想到了用降落伞把蛋从二楼降到一楼，老师同意用这个方法一起来试验。于是我们设计了以下的实验方法：

一、制作降落伞

1. 制作材料：利用科技材料中现成的降落伞，如没有现成材料，可以找替代品 40cm×40cm 的塑料薄膜一块，15cm 长棉纱线 8 根，透明胶带纸若干。

2. 制作方法：把 40cm×40cm 的正方形塑料薄膜剪成正八边形，把 8 根棉线合并一端打结，另一端分别粘在正八边形的 8 个角上，注意线长短相同，方向由外向内。

二、降落试验

为了使实验能够成功，我们采用循序渐进的方法，先绑了一个鹌鹑蛋进行试验。当我们几个同学制作完降落伞绑上蛋后，就迫不及待地跑到了二楼，我手拿降落伞的顶部，轻轻放下，降落伞悠悠落下，平稳地降落到地面上，老师和其他同学在下面一看，蛋壳完好无损。我兴奋地跳了起来："啊，我成功了！"

三、结论

通过实验，我们发现 40cm×40cm 的降落伞可以让一个鹌鹑蛋平稳着地。

四、新的问题

得到这个结论以后，在我的脑海中产生了两个迫切想知道的新问题：1. 到

底几层楼高放降落伞能使鹌鹑蛋平稳着地？2. 这个降落伞到底能承受几个鹌鹑蛋的重量？

对于第一个问题，我们猜想是二楼不碎，更高的楼层也不会碎，实验结果证实了我们的猜想：在一定的高度以上，降落伞承重能力与楼层高度无关。

对第二个问题的研究，我们是给降落伞逐步加重，下面是我们的实验报告：

鹌鹑蛋个数	1	蛋壳情况	完好
	2		基本完好
	3		有一点裂缝
	4		有明显裂缝
	5		整个打碎

通过实验，我们发现 40cm×40cm 降落伞能承受 2 个鹌鹑蛋的重量。

为了了解更大面积的降落伞的承重能力，我们制作了一个 120cm×120cm、线长 50cm 的降落伞，我们绑了两个鸡蛋进行试验，没想到我们的降落伞从四楼阳台一直往外飘到校园外面去了，我们看着它慢慢悠悠的样子，推测鸡蛋肯定不会破碎。另外，我们在制作的过程中，发现降落伞的各条线一定要一样长，否则在下降的过程中会发生旋转和摇晃。

在实际研究的过程中，我们想到降落伞的大小往往是限定的。于是我们又提出了新的研究问题，在不改变降落伞大小的情况下，怎样捆绑蛋，减少蛋与地面的撞击力，来增加蛋的个数。我们想出了以下几种方法：

1. 悬吊法：把蛋悬吊在泡沫塑料碗内，这样可以避免蛋直接与地面撞击。

2. 保护层法：把蛋固定在泡沫块内，减少撞击力。

同学们可能还有很多的方法，我们不妨共同来研究一下。这个实验我们从早上 8 点一直玩到 10 点 30 分，得出了下列结论：

1. 降落伞平稳落地的条件：与高度没有关系，与重量有直接关系。

2. 可以用"悬吊法"、"加保护层法"等方法减少撞击力。

通过这样的研究，我们发现自己也能像科学家一样研究课题，学习科学知识原来是那么轻松、那么有趣味，而且还有很多的奥妙。

怎样使切开的苹果不变色

今天放学回家，妈妈说："桌上放有已经削好的苹果，你把它吃了吧。"我一看，苹果都变色了，可怎么吃啊。突然我脑中闪过一个念头：像菠萝一样把苹果浸泡在盐水里会怎样呢？心动不如行动。于是，我舀了一小勺盐放进杯子里，再倒半杯冷开水，拿出一个苹果，把苹果切了一小块放进杯子里。大约过了 5 分钟，我看见桌上的苹果切口已经变色了，就用筷子把水中的苹果夹起来一看，哈，还和刚才一样"水灵灵"的，我忍不住咬了一口，味道不错，只不过感觉表面有一点咸味。后来我又做了几次，发现食盐放到浓度为百分之一的时候苹果吃起来味道最好。

接着，我又用一个杯子重复刚才的实验，不过这一次杯子里我放的不是食盐而是白糖。我发现用糖水浸过的苹果同样不变色，吃起来好像更甜了一些。

为什么盐水和糖水都能使苹果不变色呢？我迫不及待地翻阅了一些资料，原来苹果里铁质的成分很高，它一旦与空气接触，很容易和空气中的氧结合，形成一种褐色物质。而盐水或糖水可以阻止、延缓这种化学反应。其实生活中还有些东西也是这样，比如茄子切开后暴露在空气中，过一会儿也会变色。

我把这一重大发现告诉了妈妈，妈妈高兴地说："知道了，小科学家，以后我不会把苹果削好等你了。"

我发现鱼有耳朵

今天，我妈从市场买来几条小鱼，放在我的鱼缸里，开始我没注意，只是拿了根小竹棍逗它们玩，后来几次，爸爸从这里经过时，鱼儿总会惊慌失措地乱游。此刻，一连串的问号便出现在我脑中。

"鱼有耳朵吗？"为什么爸爸走过去的时候，鱼儿总会乱逃，这是振动引起的，还是鱼儿确实有耳朵？这一系列的问题深深吸引了我。我决定打破沙锅问到底，找不着答案，誓不罢休。

开始实验了，我首先找一个小喇叭，配上音乐集成电路板，再找一个很长的导线，组装起来，放在玻璃缸前。待鱼儿正游得悠闲的时候，接通电源，哎，给它来个下马威！果然，鱼儿像见了鬼似的，乱跳一阵。太棒了，鱼儿果然有耳朵，可是长在哪儿呢？

"长在哪儿呢？头上，不，瞧，这上面除了一张嘴，一对眼睛和腮，还有啥呀。长在身体上，也不可能，自然课里，鱼的身体可没有耳朵一词呀。到底在哪儿呢？"我不禁自言自语道。

我苦思冥想了几个小时，翻阅各种资料，答案终于找到了。人不是有外耳、中耳和内耳三部分吗？而鱼为了爱"美"，早已把外耳退化了，只剩下内耳，而且还藏在头骨里面，怪不得找不着。

我还发现鱼会"欣赏"音乐呢，它会随音乐的强弱而作出不同的反应。啊，动手实验真是太有趣了。今天，我不仅知道了鱼的耳朵，也找到了科学大门的钥匙。

我破解了泡泡液的配方

我非常爱吹泡泡，常到商店里去买，可一小瓶竟然要 0.5 元。一瓶泡泡液一天就吹完了，要是自己能配出泡泡液，就可以省一些钱，再告诉同学们，大家就可以不必花这冤枉钱了。

《小学科技活动》里告诉我们可以用洗衣粉、洗洁精和水进行配制，但到底该怎么配呢？

为了解决这个问题，我决定研究一下泡泡液的配方。

我先往杯里放入 10 份水，然后放入 1 份洗衣粉和 1 份洗洁精，搅拌均匀，用买泡泡液送的带圈圈的小棒试吹，发现只能吹出一两个泡泡，后来我又放入 1 份洗衣粉和 1 份洗洁精，发现泡泡的数量多了 2~3 个，我再放 1 份洗洁精，泡泡的数量更多了，再加 1 份洗洁精，泡泡的数量更是成倍增长。我错误地认为洗洁精越多，泡泡的数量也越多。于是我又往杯罩倒入 1 份洗洁精，可出乎意料的是泡泡的数量没有增加，反而减少了。原来事情并没有我想象的那样简单，我认真地重新开始实验。

当我用 10 份水、2 份洗衣粉和 3 份洗洁精配出的液体可以吹出 6~8 个泡泡时，我想这肯定不是最佳配方，可再加洗衣粉或洗洁精却并不能使泡泡增多，因为太稠太黏了。我正在思考时，忽然看到爸爸正在洗头，他只放了约 3 克的"花王"洗发水，头上就有许多泡泡，于是，我突然异想天开：如果往杯里加一些"花王"洗发水，效果会不会更好呢？于是，我往杯里放了 1 份"花王"洗发水，搅拌后试吹，发现泡泡真的更多了；我又放了 1 份"花王"洗发水，搅拌后试吹，发现泡泡继续增多，可是到了第四次时，再加洗发水就不起作用了。如果加太多，甚至连一个泡泡也吹不出。

我发现的最佳配方是：水 10 份、洗衣粉 2 份、洗洁精 4 份、"花王"洗发水 3 份。如果用其他的洗发水代替"花王"洗发水，效果也不错。

我核算了一下，商店里卖的泡泡液最多 20 克，如果用洗衣粉 2 克、洗洁

精 4 克、洗发水 3 克配 10 克水就成了。成本呢？洗衣粉需 0.01 元，洗洁精需 0.02 元，洗发水需 0.11 元，一共才 0.14 元，批量生产，成本还会更低。

　　我终于破解了泡泡液的配方，我把这个秘密告诉同学们，大家玩得可欢了。朋友，如果你也喜欢吹泡泡，按我提供的配方自己配制，准没错儿。

奇妙的黄瓜

这些天，我看见妈妈总是把黄瓜片贴在自己的脸上，我不知道是为什么，就问妈妈。

妈妈说："黄瓜片能美容。用黄瓜汁涂在自己皮肤上，有润肤除皱的作用，所以黄瓜有'美容之瓜'的美称。现在有很多化妆品都是黄瓜做的，而且黄瓜含有可抑制糖类转化成脂肪的物质，能达到减肥的目的。"我惊讶地说："黄瓜这么厉害啊，怪不得人们这么爱吃它。"听了妈妈的讲述，爸爸也想起一些关于黄瓜的知识，说黄瓜产于印度，是张骞去西域时带来的。小时候爸爸家也种着不少黄瓜，奶奶也经常用长纸筒把黄瓜套上，生长出的果实笔直，这样就容易运送了。这小小的黄瓜竟然有这么多的学问，我更好奇了。妈妈又接着说："黄瓜还可以驱蟑螂呢，妈妈以前就经常用黄瓜来驱赶蟑螂。"

黄瓜能驱蟑螂，我更惊讶了。为了验证妈妈的话，我便把三四根黄瓜放在地下室里，看看黄瓜是否可以驱蟑螂。过了两天，我下楼一看，果然看不到蟑螂了，它们都跑到门口，我一打开门全都跑没了。

黄瓜本领可真大，世界上古怪的事真多呀，我一定要学好知识，去发现更多的奥秘。

螃蟹为什么要吐白沫

有一天我在海边散步，看见一只螃蟹卧在沙滩上，嘴里吐着白沫。我想：它为什么要吐白沫呢？我就把它抓起来，附带了些海水一起带回家，把它养起来进行观察。我发现螃蟹在水里就不吐白沫，而把它放到水外过很长一段时间后，它就吐白沫。为了解决这个问题，我求教过同学和老师，还查阅了大量的资料，终于找到了问题的答案：

螃蟹是生活在水里的甲壳类动物，它和鱼一样，也用鳃呼吸，只是螃蟹的鳃和鱼的鳃有区别。鱼的鳃在头部两侧，呈梳状。螃蟹的鳃长在身体下的两侧，鳃片像很多海绵一样。螃蟹虽然也生活在水里，但它和鱼不同，常常要爬到陆地寻找食物，一待就是几个小时，为了不至于死亡，所以有了跟鱼不一样的鳃。螃蟹海绵状的鳃片里能储藏很多水分，让它虽然离开了水仍然和在水里一样可以呼吸。但是在陆地的时间过长，鳃里的水分会逐渐减少，呼吸也会困难起来，这时它就要拼命地鼓起鳃吸气、呼气，由于它吸进空气过多，鳃和空气接触面积较大，鳃里的部分水分和空气一起吐出，形成了无数个气泡，由此越堆越多，在嘴边堆成很多白色的泡沫。

我发现兔子居然吃肉

一天，我家吃排骨，饭后，我把吃剩的骨头装进垃圾袋里，准备扔掉，突然想起我家的小白兔还没吃饭，就先把骨头放在墙边，从外面扯了些青草，把小兔子放出来吃草。

本想瞧瞧小兔子吃草时可爱的模样，可它东瞅瞅西嗅嗅，好像在找什么东西，一副食欲不佳的样子。后来它竟来到装骨头的袋子前，拱开袋口，津津有味地啃起骨头上残剩的肉渣来。我大惊失色，为了证明我没看花眼，我又拿来一块肉，放到小兔子面前。只见小兔子凑上前，嗅了嗅，便旁若无人地吃起来。我在…旁目瞪口呆："这……这怎么可能？兔子本是食草动物，怎么吃起肉来啦？这不就等于'和尚'犯戒了嘛!"

光想没用，这到底是怎么回事？我来到屋里查起资料来，后来确定，兔子吃肉——这是事实，但是什么原因却不知道。

看看坦然的小兔子，心急如焚的我真想亲自问问它到底怎么回事？可怜它不会说话。于是我把希望寄托在爸爸身上。

爸爸听后，若有所思地说："我想远古时期，兔子的祖先可能也是吃肉的，可因为它们身体弱小，无能力捉动物，再加上很多动物还以它为美味佳肴，于是被迫吃素，改成了吃青草。"

爸爸的回答令我很满意，又去查资料证实了一下，最后确定了爸爸的结论是对的。

通过这件事，我感慨万分：这大概就是食物链的原因吧，正所谓"弱肉强食"。后来一想，也许用这句名言来形容更贴切一点吧："优胜劣汰，适者生存。"

今天我又学到了一点知识，大自然的奥秘可真多，正等着我们去探索呢。

臭屁的威力究竟有多大

上个星期，我在菜园里帮妈妈种菜，一不小心，手指碰到了一只臭屁虫。那可恶的家伙将一个屁放在了我的手上，真是臭极了！

我想，臭屁虫为什么要放臭屁呢？它的臭屁的威力就这么大吗？

于是，为了证明臭屁虫的臭屁是否对昆虫有作用，我便想做一次实验看看。我回到家，从后院里捉来了一只臭屁虫将它放入瓶内，又抓来了一只大蟋蟀和一只大螳螂，我想看看它们之中谁最厉害。

我把放臭屁虫的瓶口用纸封起来，在纸上扎一个小眼儿，闻了闻，里面没有什么异常的气味。又过了两三秒钟，闻了闻，还是没有什么气味。于是，我把大蟋蟀放了进去。不一会儿，蟋蟀开始向臭屁虫发起进攻了。我再次把鼻子凑近去一闻，这下可把我熏坏了，真是奇臭无比！大约过了一分多钟，蟋蟀的进攻减弱了。又过了一会儿，蟋蟀渐渐地不动。我憋住气把它倒出来一看，蟋蟀已经死了。就这样，这只勇敢的大蟋蟀败在了小小的臭屁虫手里。

为了更加充分地证明臭屁虫的臭屁对昆虫有效果，我又开始做第二次实验。我把大螳螂放进另一只瓶子里，再把臭屁虫放进去，大螳螂见了它，就犹如见到了食物一般，举起两只像刀片一样的"大脚"，猛地扑过去，一把就把臭屁虫给抓住了，样子十分凶猛。不一会儿，臭味又出来了。螳螂随着臭味的释放，它的体力慢慢地减弱了下来，并晕了过去。在实验中我一直闻着这种臭味，熏得我头晕目眩。可见臭屁虫的威力多么大。我还查阅了《十万个为什么》，这本书中写着：臭屁虫是一种专门用臭屁保护自己的昆虫之一，它的种类很多，有一小部分昆虫都不是它的对手。

同学们，只要我们平时多留心观察，多认真研究，就一定会有更多的发现，更多的收获。

旱地覆盖稻草好处多

去年四月初，我们学习了《动物与环境》一课后，我知道了蚯蚓喜欢生活在黑暗、潮湿的环境里。老师还向我们介绍了蚯蚓是一种对人类有益的动物，它经常在土壤里活动，可以使土壤疏松，它的粪便含有很多的有机物质，是植物生长的上等肥料。我想，蚯蚓对我们人类有这么大的好处，何不就在地里人工饲养繁殖蚯蚓呢？

我想起爸爸每次钓鱼前，总是在屋旁的稻草渣下的土壤中挖蚯蚓做鱼饵，我这才明白了稻草既可以遮光，又可以保湿，蚯蚓当然爱生活在这里了。于是我就有了一个好主意，在旱地的农作物的间隙里铺上一层稻草。这样，稻草下就成了蚯蚓舒适的家了，它们就可以在这里大量地繁殖了。

刚好第二天是 4 月 10 日，星期六，妈妈买回了一些辣椒秧、茄子秧等栽在菜园里，我给妈妈说明了情况，想做一个对比实验来繁殖蚯蚓。得到了妈妈的支持后，我把一块辣椒地平均分成了两块，每块地大约 $4m^2$，再把其中的一块地铺上稻草，厚约 $10cm$。还告诉妈妈这两块地要一样管理。

这个实验的结果果真跟我事前预测的一样：盖了稻草的地，辣椒苗长势更加喜人！

最后，我从实验中归纳出旱地覆盖稻草至少有以下几种好处：（1）天旱时，可以保湿。（2）可以有效地控制杂草的生长。（3）可以使农作物提前成熟，推迟衰老。（4）它是蚯蚓舒适的"家"，使蚯蚓大量地繁殖。（5）翻地以后，稻草埋在地下腐烂，既可变成肥料，又可以使土质疏松，增加土壤中的微生物，有利于作物的生长。

我又想，在农村里还有许多的麦秆、玉米秆等农作物的秸秆，农民们大多把它们焚烧在地里，不仅是一种浪费，而且污染了空气。把它们覆盖在旱地里，是不是也能取得同稻草一样的效果呢？我决定用不同的作物秸秆，再做做这个实验。

井水 "冬暖夏凉" 吗

　　井水冬暖夏凉，大家都喜欢它。学习了热传递的三种方式以后，我们产生了疑问，冬天，是谁把热传递给了井水？夏天，井水的热又传到哪里去了？百思不得其解，我们只好去问老师。老师对这个问题很感兴趣，问我们能不能自己去揭开这个谜团。我们商量后，决定从测量井水的温度入手，首先弄清井水是什么时候开始变暖的，又是什么时候变凉的。

　　1月5日是新年的第一个周末，我们对两口井进行了第一次测量，两口井的水温分别是13℃和15℃。当时气温只有8℃，难怪觉得井水有点暖和。第二天是星期日，气温略有下降，我们进行了第二次测量，测得的结果居然和昨天完全一样。我们把这个结果报告了老师，老师说这是我们研究过程中的第一个发现，只要坚持下去，一定会有更多的发现。我们受到了鼓励，信心更足了，决定以后每个星期日测量一次，并做好记录。

　　一年过去了，我们记录了52个星期日的测量结果，终于发现了井水温度的变化规律。井水温度是随着气温变化而变化的，只不过变化的速度比气温慢。在我们这里，气温在一年中高低要相差约40℃，而井水温度高低才差十几摄氏度。一年中温度最低的时间都是在二月底到三月初，以后逐渐上升，八月底到九月初时达到了一年中的最高温度，以后又开始了回落，总之，都是"夏暖冬凉"。

　　谜底找到了，新的疑问又出现了，既然是这样，为什么人们都认为井水是"冬暖夏凉"呢？回想起我们第一次测量时，不是也觉得十几摄氏度的井水有点暖和吗？会不会是人们的一种错觉呢？为了证实这一点，我们找了三个杯子，分别倒进了热水、温水和凉水，把手指先浸在热水里，再浸到温水中；然后浸进冷水后，又换到温水里。反复几次，都觉得手指在温水里的感觉有所不同。后来，我们又同时用双手分别去捂冷热两只杯子，过一会儿，又同时去捂住中间的那杯温水。答案找到了，双手捂住同一杯温水，感觉却不一样。左手先捂热水，再捂温水时觉得水是凉的；而右手先捂冷水，再捂温水，就觉得温水是暖和的。谜底终于全部揭开了，井水"冬暖夏凉"是人们受外界气温影响造成的一种错觉。我们充满了成功的喜悦。

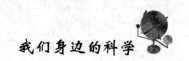
为什么石头一"流汗"天就下雨

　　我能准确地向同学们预报出晴雨天气，并不是我有什么特异功能，这全靠我家后院墙角的那块石头——只要它"流汗"，一准就要下雨了。

　　开始，我一直严守着这一秘密，后来我越来越对这一现象百思不得其解，就跑去询问自然老师，老师要求我联系曾做过的"凝结"实验去分析。

　　我来到墙角，认真观察那块石头，发现它一年四季晒不到太阳，用手一摸，它冰凉冰凉的。"水蒸气遇冷变成水"，它的"体温"多么有利于水蒸气凝结啊。那么晴天为什么没有水蒸气在它身上凝结呢？可见下雨前的空气是很潮湿的，在石头上遇冷凝结，所以它就"流汗"了。

　　我把我的想法告诉了自然老师，老师表扬了我，并给了我一本《十万个为什么》，一翻书，原来我的分析是对的。我是多么高兴啊！

　　前些天爸爸把那块石头搬走了，但我马上找来很多石头放在了墙角。我要研究：哪块石头下雨前最容易"流汗"，谁"流的汗"最多。我相信我一定会有成果的！

梧桐树叶与桂花树叶

我们学校有三棵高大的梧桐树，每当夏天到来时，梧桐树的叶子把阳光遮得严严实实的，树下没有一丝阳光。我们可喜欢到树下玩了。可是一到冬天，树上的叶子就没有了，掉得干干净净，树上只剩下像铃铛一样的小球果。但是花坛里的桂花树就不同，冬天叶子不变色，也不落。这是什么原因呢？

带着这个疑问，我去找自然老师。老师夸我是个爱动脑筋的好学生，可就是不告诉我为什么。不过他给我想了一个办法，让我去观察梧桐树的叶与桂花树的叶有什么不同的地方。

第二年夏天，我带着这个问题找了几片梧桐树叶和几片桂花树叶认真地研究起来。经过反复观察发现，梧桐树叶很大，很薄，表面还有一些毛，形状像只有三个指头的手掌，是淡绿色的。而桂花树的叶子像一条小船，不太大，表面也没有毛，比梧桐树的叶子厚，颜色也比梧桐树的叶深，边缘还有像锯子的齿，而且叶子也好像比梧桐树的叶子硬一些。这难道是桂花树冬天不落叶的原因吗？

又去找老师帮助，看我发现的对不对。老师一听可高兴啦，但就是不说我说的对还是不对。他又给我出了一个主意，让我去看冬天不落叶的树叶，是不是与桂花树的叶一样。并让我去观察玉兰树、女贞树、雪松、松树、冬青树等这些冬天不落叶的树的树叶。

我在校园里按老师的指点又采集了冬青树、玉兰树、女贞树的叶子，终于发现尽管这些树叶的边缘不一样，有的光滑，有的像锯齿，大小也不一样，但大多都比较厚，也比较硬，表面都比较光滑，像涂了一层蜡一样，反光特别强，而且都是绿油油的，这大概就是它们不落叶的原因吧？

当我把这个研究结果告诉老师的时候，老师夸我真是一个肯动脑筋的小科学家，还给我戴了一朵大红花呢，我心里美滋滋的。

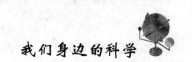

小蝌蚪都能发育成青蛙吗

青蛙、蟾蜍都是人类的好朋友，能帮助人类消灭庄稼地里的害虫。每年四月间正是青蛙和蟾蜍产卵繁殖的季节，我们科技活动小组为了配合学习《养蝌蚪》一课，来到了郊外。

走到葛洲坝水泥厂后的一片杂草丛生的水塘边，便见到几团密密麻麻的蝌蚪群，在一丛一丛的水草边游动，数也数不清，我们不由得兴奋起来。大家拿着早已准备好的小网兜，非常小心地网住了几十只小蝌蚪放进提水桶里。又观察了一下水塘边蝌蚪生活的环境，便回学校了。回校的路上，又在水沟边拔了几株小草，一同带回来。

回到学校，我们准备了一个大大的洗澡盆，在澡盆里装了小半盆的细沙，把从路上带回的水草，种植到了沙里，提了五桶自来水倒入盆中，便将从水塘里网住的小蝌蚪连同带回来的池塘水，一同倒入盆中，开始喂养起蝌蚪来。

蝌蚪吃什么呢？大家七嘴八舌地讨论起来，有的说吃虫子，因为青蛙是吃虫子的；有的说蝌蚪是吃草的，因为它总是长在草边；有的说蝌蚪是吃泥巴的，因为它总是在浅水里生活……大家意见无法统一。带着这个问题我们请教了自然老师。在他的启发下，我们查阅了相关的资料，资料上说，蝌蚪是吃浮游生物的。

到哪里找浮游生物呢？这可让我们费了很多的心思。刚开始我们每天轮流值日，用纱布到水里去舀，可是真像竹篮打水一样，只能获得很少的东西，还不知小蝌蚪吃不吃。后来我们又去查阅资料，弄清什么是浮游生物。我们明白了浮游生物就是水中的藻类植物和一些肉眼看不到的微生物。我们想：把水草或菜叶弄碎以后，不就与它们一样了吗？我们按照这个方法，从家里搬来一台榨汁机，每天同学们从家里轮流带几片菜叶，放在榨汁机里搅拌成碎末以后，投放到蝌蚪生活的盆中。解决了蝌蚪吃的问题后，我们盼望着小蝌蚪一天天长大。

养了 20 多天后，有的小蝌蚪开始长后腿了，仍然有一些小蝌蚪不长后腿，我们数了一下，37 只蝌蚪有 32 只长出了后腿，可还有 3 只不长后腿，有 2 只只长了 1 条后腿，这是什么原因呢？带着这个问题我们又继续观察。10 多天过去了，有的蝌蚪开始长前腿了，尾巴渐渐缩短，长有后腿的 32 只蝌蚪中又有 1 只只长了 1 条前腿，还有 3 只不长前腿，这又是什么原因呢？我们百思不得其解，带着这个问题我们请教了自然老师，听自然老师说："这里面的原因很多，有环境方面原因，也有食物方面的原因，还有很大的可能是遗传方面的原因。"我们似懂非懂，决心下个学期来到野外认真观察，看水塘里的蝌蚪与我们喂养的蝌蚪的生长发育状况是否一致。

吃出来的学问

　　星期天，妈妈准备了两锅肉，吃饭的时候，妈妈端了两盘肉上来，一盘是鸡肉，一盘是猪肉。我从小就爱吃肉，一见到肉，我就狼吞虎咽地吃起来。吃完午饭，我去扔骨头，忽然发现同样大的骨头，重量却不同，经过识别，我才发现同样大的猪骨头要比鸡骨头重。我赶紧拿过爸爸的天平，把两根骨头分别称了称。结果猪骨头重 15.3 克，而鸡骨头呢，只有 5.8 克。我把两根骨头捏了捏，发现鸡的骨头要比猪的骨头软一些。我用小钢锯把两根骨头锯开：鸡骨头很好锯，里面是空的；猪骨头很难锯，里面都是骨质。

　　这和它们自身有什么关系呢？我想：鸡原本属于鸟类，我知道鸟类是会飞的，骨骼应该轻而坚固，这样便于飞行。而猪呢，需要托着自己庞大的身躯在地上走来走去，骨骼应该很粗壮、坚固，这样才能支撑自己的体重。通过查阅资料，证实了我的想法，让我更增强了研究事物的信心。

对"吊死鬼"的研究与防治

我们校园里种了很多柳树、白杨树和榆树。每年3月底到5月初，这些树上都会生出一种长有黑色、黄色、绿色条纹的虫，这种虫专吃树的叶子和嫩芽。有时，它们会吐一根长长的丝，从树上垂下来，同学们都叫它们"吊死鬼"。老师告诉我们，它们真正的名字叫做春尺蠖，是一种林业害虫。今年春天，老师组织我们小组的同学对春尺蠖的情况进行了一次深入的研究。

一、春尺蠖虫害情况调查与问题的发现

我们在校园内的柳树、榆树、白杨树这三种树上发现了春尺蠖。虫害最严重的是厕所旁的四棵白杨树，几乎每一片树叶上都有2~3条虫，每条虫一天就能吃掉5~6片叶子。走近树旁，还能听见"沙沙"的声音，这是它们在吃树叶。才两个星期，这几棵树就被吃得光秃秃的，可怜极了。

学校每年都用喷洒农药的方法消灭它们。这种方法虽然杀死了一些春尺蠖，但杨树太高，上面的枝叶农药根本无法喷上。况且喷洒农药使春尺蠖产生了抗药性，还会污染校园空气，危害同学们的身体健康。这不，上星期刚喷过的药，这星期树上的春尺蠖又多了起来。怎样才能既有效地消灭它们，又不污染环境呢？我们发现了一个奇怪的现象：靠近学校厕所干燥的林带里有四棵白杨树，上面的虫子特别多，而小池边杨树上的虫子就少得多，这又是怎么回事呢？老师让我们先从研究春尺蠖生长情况入手。

二、春尺蠖生长情况的调查

我们挖开了树旁的土，挖到深15cm的地方，发现了一种灰色的蛹，这就是春尺蠖的蛹。通过几天连续的观察，我们发现在晴朗的中午，天气很热的

时候，这种蛹会变成一种长翅膀和一种不长翅膀的蛾子，这是春尺蠖的成虫，长翅膀的是雄虫，不长翅膀的是雌虫。傍晚时，雌虫会沿着树干向上爬，在树上产卵，卵孵化成春尺蠖的幼虫，危害树木的正是它们。它们蜕皮后，身体逐渐长大。夏天，顺着吐的丝爬到地下，钻进土里变成蛹。

三、春尺蠖虫害的防治

1. 多浇水，减少虫害

在研究春尺蠖的生长情况时，我们发现：只有在气候干燥的时候，春尺蠖的蛹才容易变成成虫，而下雨时或潮湿的地方，蛹极少变成成虫。原来春尺蠖怕水，我们终于解开了为什么在干燥处生长的杨树虫多，而水池边杨树上虫少的秘密。这样，在春天树刚发芽的时候，给它们多浇一些水，使林带表面的土始终保持潮湿，可以减少春尺蠖虫害。

2. 在树干上涂药，阻止雌虫上树

春尺蠖的雌虫没有翅膀，是顺着树干爬上树的，我们在它们必经的地方（树离地 1 米的树干上）抹上一圈有毒的药膏，再用塑料薄膜做成一个像裙子一样的套，把"裙子"穿在涂药膏的树干上，上端用绳扎住。这样，春尺蠖的雌虫顺着树干向上爬时，都会爬到"裙子"里，被里面的药毒死，无法到达树枝上。这样的方法，方便、节省，也不会污染环境，而且药由塑料薄膜护着，不会很快挥发掉，药效时间长。

我们用包药膜和浇水的方法，治理了学校树木上的虫害。明年春天，我们还打算走出校园，用我们的方法去消灭更多的害虫，我们将继续用我们的智慧和力量，保卫这个城市里的绿色。

刮芋艿手痒之谜

　　元旦期间，我看见外婆在刮芋艿，觉得很好玩，也想试一试，可外婆连说"走开"，不让我碰。我说是老师让我们多做家务活的，外婆才勉强同意，不过要我戴上手套。戴上手套真不方便，我趁外婆不备，除下了手套。谁知，芋艿刚刮好，我就觉得我的手怪痒的，赶忙用自来水去冲洗，但好像更痒了。外婆知道了，告诉我要等芋艿烧熟了，手才会好。我着急地让外婆快烧芋艿。外婆见我难受的样子，就去烧了。谁知烧熟了芋艿，我的手还有点痒，不过似乎好一些了。到吃中饭时，手不痒了。外婆笑问，以后不敢再刮芋艿了吧？我却对这事产生了兴趣，为什么刮芋艿手会痒？是因为芋艿烧熟了，手才不痒的吗？我决定弄个水落石出。

　　第二天，我趁外婆不在的时候，又偷偷地刮芋艿，手有点痒了，我又把刮好的芋艿洗干净，没想到，洗好芋艿后，手更痒了。我想，可能是芋艿的汁水在作怪吧。便把芋艿藏在房间里，不让外婆烧熟它们。我的手痒了半天，大约中午时分，就不觉得痒了。我高兴地向外婆指出，她昨天的那句话是一种迷信说法，芋艿不烧熟，手痒的症状也会慢慢消失的。

　　手为什么会痒？又怎么治它？这是我要研究的第二个问题。为了研究这个问题，我与邻居小玲设计了一个方案：分别用风油精擦和用冷水、热水、肥皂水浸洗，看看结果有什么不同。我们俩动手刮芋艿、洗芋艿，一会儿就感觉到手痒了，我们立即行动，我先给自己的左手擦上了一点风油精，然后把右手伸进了一盆热水中，同时小玲把两手分别伸进了一盆冷水和一盆肥皂水中。5分钟后，我们同时把手拿出水面，我把当时的感觉记录如下：

擦或浸的液体	风油精	热水	冷水	肥皂水
手的感觉	冰丝丝的还有点痒	几乎不痒了	还是痒	还是痒

　　是不是时间不够长？我们继续实验，又过了 5 分钟，我们同时把手拿出水面，感觉同前 5 分钟时一样。看来热水有效果！为了进一步证实冷水和肥皂水的作用，我又洗了一遍刚才的芋艿，让手痒起来了，然后分别浸入冷水和肥皂水，这次我坚持了 15 分钟，结果手还是痒，看来，这两种水真的治不了痒。

　　开学了，我把我的实验告诉了老师，并问她为什么手会觉得痒？老师借给我一本《十万个为什么》，我看了才明白，原来果然是芋艿的汁水在作怪，因为这种汁水里，含有一种叫"皂角苷"的刺激性物质，它具有毒性。人手刮芋艿后，这种物质渗入手上的血液，具有溶血作用，会引起红血球的分解，失去凝聚能力，这样，我们的手就觉得痒了。那么，人吃了芋艿为什么不会中毒？原来，在我们的胃里，皂角苷会被胃液所破坏，而且皂角苷遇热也会被破坏，所以我们吃熟芋艿是没有危险的。原来皂角苷怕热，怪不得热水可以治这种痒。我想，如果把手放到火上烘一下，应该也可以治痒吧。一回家，外婆正在烧饭，我同前几次一样让我的手痒起来，然后，我把左手放在灶洞口烘了一会儿，左手真的不痒了。我又把右手放到热锅盖上去烘，过了一会儿，右手也不痒了。现在，我终于揭开了芋艿让手发痒的谜底。

蚊子怎么变多了

2001 年 5、6 月份，我们校园的蚊子忽然多了起来，特别是在教室里，往往云集着大量的蚊子，弄得师生们手足无措，一堂课上完，许多人都被蚊子叮咬，肿起了一个个红包，有的还挂了"彩"，抓出血来，每天喷洒杀虫剂，蚊子也不见少。而 2000 年的相同月份却并无类似现象发生，这是怎么回事呢？带着这个问题，我们生物小组在老师的指导下，对校园环境进行全面考察。经过一系列考察、讨论、分析，我们对校园的环境进行了深入思考，现汇报如下：

一、考察内容

1. 对校园周边环境进行考察

我校是一所刚开办四年的新建学校，占地面积大，建筑面积小，只有一幢四层的教学楼，且一面靠山，一面是农田，两面环着许多刚建成的私人建筑，建筑物周围零乱地堆放着许多杂物。教学楼后有两口大水塘，楼前 30 米处有一已废弃的灌渠，水渠中漂浮着许多生活垃圾。

2. 对蚊子生活习性进行考察

（1）蚊子的寿命仅为九个月左右，雌蚊口器发达，为繁殖后代而吸血。雄蚊口器不发达，只吸食花果液汁，体型较雌蚊大。

（2）蚊子的孳生地为有水的地方，按蚊生长在稻田、溪流中，伊蚊生长在少量积水内。蚊子的幼虫，俗称蚊子，和蛹均生活在水中。蚊子靠吃水中的细菌、藻类和其他有机物长大，经过四次蜕皮后变成蛹。一只交配后的雌蚊一年内可繁殖后代一千来只。

3. 对 1999 ~ 2001 年本地气候的考察

这三年来本地平均气温逐年上升。特别是 2000 年秋冬两季连一次霜降都

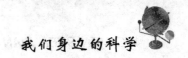

未出现，许多人只穿一件薄薄的毛衣便过了冬。而 1999 年的冬天，校园中的两口大水塘结了冰，吸引了许多同学在此捞冰玩耍。

二、现象分析

综合以上考察结果，我们认为校园蚊子变多的原因有两点：其一，我们校园水源过多，且多是"死水"，为蚊子提供了良好的孳生地；其二，本地年平均气温上升，出现"暖冬"现象，虽对植物生长有利，但不利于冻"死"蚊虫卵。2000 年的"暖冬"造成 2001 年 5、6 月份的"蚊灾"，1999 年的"寒冬"让师生们平安度过了 2000 年 5、6 月份，便是有力的证明。

三、整治建议

1. 清除蚊子的孳生环境。蚊子的卵、幼虫、蛹都必须生活在水中，离开了水就不能生活，因此，要清除校园内所有积水，并尽早填埋校园中的两口水塘。

2. 控制蚊子由蛹羽化成蚊子的生长过程。可在发现了蛹的积水中撒生石灰或喷洒一些杀虫剂。

3. 希望尽快发明一种能使雌蚊产不了卵但对人畜无害的药物，使蚊子能自行绝种。

4. 号召大家增强环保意识，不要随意扔一些生活垃圾，随意排污，要多美化人类的家园，为人类自己创造美好的生活环境。

马铃薯在盐水中为什么先浮后沉

我们科学课三年级下册第五单元《沉和浮》中，有一个活动是"马铃薯在水中是沉还是浮"。在活动中，我们配制了一烧杯浓盐水，马铃薯真的在盐水中浮起来了，证实了我们当初的推测（马铃薯上浮的那个水槽中的液体可能是盐水）。由于课堂时间比较紧，我们把浮有马铃薯的烧杯放在一旁，接着进行下一个活动。下课后，我们就离开了实验室。第二天，我们到实验室收拾实验物品时，惊奇地发现原来浮在盐水中的马铃薯竟然全部沉到了水底，这是怎么回事呢？

"马铃薯在盐水中为什么先浮后沉呢？"带着这个问题，我们去请教科学课的李老师。李老师听后笑了笑，并跟着我们一起来到实验室。看到这个现象后，老师和我们展开了对话：

老师：马铃薯全沉到杯底，你们分析是怎么回事？你们知道改变物体在水中沉浮的方法有哪些？

我们：（1）改变物体的重量；（2）改变物体的体积；（3）改变液体的比重。

老师：马铃薯在盐水中的沉浮情况改变了，那你们分析一下可能属于哪种情况呢？

我们：（1）盐水放在那儿一直没有人动过，液体的比重没有改变，就算水分蒸发一点，也只能增加液体的比重，因此第三种因素可以排除；（2）马铃薯也一直放在那儿没人动过，所以马铃薯的体积也不应该会改变；（3）那是不是马铃薯的重量变得重了而下沉呢？

老师：你们分析得有道理，究竟是不是这样呢，能不能设计实验证实你们的想法？

于是，我们开始实验研究：是不是马铃薯的重量变重了而下沉呢？

一、设计实验

1. 实验材料：马铃薯一个（切成 6 份，并编上号）、盐、水、烧杯、竹筷、天平、砝码。

2. 实验过程：

（1）用天平分别称取 6 份马铃薯块放入盐水前的重量；

（2）配制一杯浓盐水；

（3）将 6 份马铃薯块放入浓盐水中，观察马铃薯在盐水中的沉浮情况；

（4）让马铃薯块在盐水中浸泡 2 天左右，发现马铃薯块沉入水底后将马铃薯块捞出，擦干，并分别用天平称出它们的重量。

二、进行实验，并将实验结果填入下表

编号	马铃薯放入盐水前的重量（克）	在盐水中的沉浮情况	马铃薯放入盐水中浸泡 2 天后的重量（克）	在盐水中的浮沉情况
1	3.4	↑	2.8	↓
2	5.4	↑	4.4	↓
3	7.0	↑	5.4	↓
4	6.6	↑	5.2	↓
5	11.0	↑	8.6	↓
6	9.1	↑	7.4	↓

三、分析并得出结论

马铃薯在盐水中的重量减轻，反而沉入了水底。实验与我们的推测正好相反，证明了我们的分析推测是不对的。

这个结果把我们弄得有点摸不着头脑，究竟是什么原因让马铃薯下沉的呢？就在我们几个人感到迷惑时，负责擦干马铃薯的胡家曦同学说："我在擦干马铃薯的时候发现马铃薯变得软软的。"这句话引起我们对浸泡过的马铃薯

进行重新观察，我们发现马铃薯原来光滑的切面变得有点凹瘪，表面变得皱巴巴的，整个马铃薯似乎变小了。是不是马铃薯的体积发生了变化呢？我们决定推翻原来"马铃薯也一直放在那儿没人动过，所以马铃薯的体积也不应该会改变"的分析，对马铃薯的体积是否发生变化进行研究。可是怎么测量马铃薯的体积呢？在科学老师的指导下，我们学会了使用量筒测量形状不规则的马铃薯的体积。

下面是我们对马铃薯在盐水中体积是否发生变化进行研究的过程：

一、设计实验

1. 实验材料：马铃薯一个（切成 6 份，并编上号）、盐、水、烧杯、竹筷、量筒 100ml。

2. 实验过程：

（1）用量筒分别量出 6 份马铃薯块放入盐水前的体积；

（2）配制一杯浓盐水；

（3）将 6 份马铃薯块放入浓盐水中，观察马铃薯在盐水中的沉浮情况；

（4）让马铃薯块在盐水中浸泡 1 天左右，发现马铃薯块沉入水底后将马铃薯块捞出，擦干，并分别用量筒量出它们的体积。

二、进行实验，并将实验结果填入下表

编号	马铃薯放入盐水前的体积（ml）	在盐水中的沉浮情况	马铃薯放入盐水中浸泡 1 天后的体积（ml）	在盐水中的浮沉情况
1	6	↑	4	↓
2	4	↑	2.7	↓
3	7	↑	5	↓
4	2	↑	1.5	↓
5	5	↑	3.5	↓
6	1.5	↑	1	↓

三、分析并得出结论

因为马铃薯在盐水中的体积减小，所以沉入了水底。

"马铃薯体积减小，可是重量也减轻了，这不是相互抵消了吗？为什么马铃薯还是下沉呢？"正当我们以为研究出了结果而暗暗高兴时，苏霞同学提出了质问。是啊，这是怎么回事呢？我们百思不得其解时，李老师提醒了我们："同学们仔细分析一下实验一和实验二中的数据，一定会从中找到答案的。"于是，我们对实验一和实验二中的数据进行分析发现：马铃薯在盐水中的重量只减少了约五分之一，而体积却少了约三分之一，也就是说马铃薯在盐水中体积减少得多而重量减少得少，相对来说马铃薯的重量就增加了，所以马铃薯在盐水中就会慢慢下沉。为什么会出现这种现象呢？肯定都是盐水作的怪。我们联想到平时工厂加工榨菜时的现象，当新鲜的榨菜放到盐水里腌制时，榨菜就变咸了；吃的时候总要把榨菜切开放到清水中泡一泡，咸榨菜就变淡了，这个现象让我们作出推测并展开新的实验：

一、设计实验

1. 实验材料：烧杯、少量清水、铁架台、石棉网、酒精灯、火柴、前一实验用过的马铃薯块。

2. 实验过程：

（1）将前一实验用过的马铃薯块切碎放入盛有少量清水的烧杯中浸泡1天左右；

（2）将马铃薯取出，用酒精灯对烧杯里的水进行加热，使水蒸发完。

二、实验结果

烧杯里的水蒸发完了后，烧杯底部出现了少量盐的结晶。

烧杯底部出现了少量盐的结晶是从哪儿来的？

由此，我们产生了一个新问题——

经过分析讨论，我们得出结论：马铃薯浸泡在浓盐水中时，盐水跑到了马铃薯里面，使体积变小，而且重量也变轻，只是变轻的程度没有体积变小的程度大，所以马铃薯变重沉到了盐水里；再把马铃薯浸泡在清水中时，马铃薯中的盐又跑到清水中，所以把水蒸发后，盐就结了出来。

这就是我们的研究，朋友，你明白了马铃薯在盐水中先浮后沉的道理了吗？

狗为什么总把耳朵贴在地面上睡

我家养了一只宠物狗，非常可爱，每天它总睡在阳台上为我们看家。一天，我晚上起来，发现小狗睡觉时把耳朵贴在地面上，这不要把耳朵压疼吗？我轻轻地把它的头扶正，可过了一会儿，它又把耳朵贴在地面上。真不听话！第二天，我发现小狗还是这样睡觉，后来我还发现就连白天睡觉时，小狗也把耳朵贴在地面上。真奇怪呀，我决定弄个明白。

我为此特地去观察了几个同学家的宠物狗，他们都说自己的小狗也有这种习惯，我还跑到乡下，观察了乡下饲养的土狗，也有这样的习惯。这难道是狗的天性吗？我半信半疑，决定继续去研究这种现象。

我仔细观察，发现狗的听觉非常灵敏，即使在夜深人静的晚上，哪怕是极其轻微的脚步声或纸片树叶飘动的声音，我们进入熟睡后浑然不知，但狗即使也在睡觉，却能听出来。这么灵敏的听觉和它睡觉时耳朵贴着地面有什么关系呢？我找来资料，知道声音是靠气体、固体、液体传播的，同样的声波，在固体中传播得最远、最容易传播、接收得最清晰。这是不是真的，我请教老师，老师没有直接告诉我，而是和我一起做了几个实验。我们找来一

根线，两个一次性杯子，把线穿过杯子底，做成了一个"土电话"，我把一个杯子贴在耳朵上，老师在另一端小声地说话，奇怪，这声音通过那根细细的线非常清晰地传了过来，简直就像和老师面对面说话那么清楚。我非常好奇，老师又让我做第二个实验，让我把耳朵贴在桌面上，然后在抽屉里用手抓挠桌子，这声音也清晰地传到了我的耳朵里，但是我把耳朵稍离开桌面一点，却什么也听不清了。通过这两个实验，我终于弄明白了，声音通过固体传播的能力最强，传播得也最远。这也是我们在家

里贴着地板能听到楼下人家的说话声，而离开一点儿就什么也听不见了的原因。

通过这些实验，我终于明白小狗睡觉时把耳朵贴在地面上的原因，它是为了更好地听见声音才把耳朵贴在地面。这样使它的听觉更加灵敏，更能听到人类和别的动物听不见的声音。同样，我也明白了，军犬在执行任务追寻东西或人时，一会儿把耳朵贴在地面上，一会儿又飞速地奔跑，原来也是为了更清晰地听到远方的微弱声音，更好地完成任务。

看来，利用自然规律不但是人类所追求的，连动物们也会利用它们为自己服务，生活中科学是处处可见呀！

我对蚊子生活的观察

　　每到夏天，我最讨厌的就是蚊子了，它们叮咬人畜，传染疾病，能否把它们彻底消灭掉呢？为此，我决定先了解蚊子的生活习性。我首先想到利用因特网查找有关蚊子的资料。通过查找，我知道蚊子属于昆虫类，它是在水中产卵，经过四个月左右的孵化，就会孵化出幼虫来，蚊子的幼虫叫"蚊子"，蚊子主要依靠吃水中的微生物长大。

　　我想，脏水里微生物较多，蚊子更容易生长，所以，我在水沟边盛了一些脏水回来，放在水桶里，让蚊子在里面产卵。到了傍晚，我看到有几只蚊子站立在水面上，它们应该是在产卵，蚊子为什么能站立在水面上而不沉下去呢？通过请教老师，我弄清了其中的道理，原来水面有一种力，叫表面张力，而蚊子很轻，水面上的表面张力就能托住蚊子，使它不会沉入水里。

　　经过了一段时间，我开始看到蚊子在水里活动了，它们是靠在水里一屈一伸地运动前进的。平时，它们都是一动不动地浮在水面上的，据资料介绍，这是它们在利用呼吸管顶端的气孔进行呼吸，当人走近或桶里的水受到震动时，它们便迅速钻到水底。蚊子不但吃水中的微生物，它们也吃肉末、饭粒等，有时扔一粒米饭下去，许多蚊子就会围在饭粒的周围，张开嘴猛吃，一会儿就把饭粒给吃光了。大约过了一个星期，蚊子就变成了蛹，蛹总是浮在水面并附在桶壁上，就算你把它移到水的中央，它也会慢慢地移动，一直到附在桶壁上。我想，它浮在水面上一定是为了呼吸，如果水不断流动，它就很难浮到水面上呼吸，所以，不流动的积水很容易成为蚊虫的生长地。蚊子经过了两天左右的蛹期，它就会发育成蚊虫了，此时蛹的外壳裂开，蚊子就从里面爬出来，它先是挣扎着，飞到桶壁上休息，过了一段时间，它就会飞走。我观察了几十条蚊子，发现它们最后都变成了雌蚊，没有发现一只雄蚊，为什么会有这么多的雌蚊而很少有雄蚊？我问老师，老师也说不是很清楚，看来，以后有机会我要请教一下专家才行。

　　通过观察学习，我知道了蚊子很容易在一些脏的积水里生长、繁殖，所以，我们平时要注意搞好环境卫生，清除积水，这是防止蚊虫生长的最好办法。

老鼠不靠眼睛辨认方向

我家是开食品、杂货批发部的，经常看到老鼠在物品仓库钻来钻去。尤其到了夜里，它们就偷食品，咬东西。为此，我们全家都伤透了脑筋，虽然对它们下了一道又一道的"禁令"，可是效果不大。然而，令人费解的是，它们的眼睛那么小，却能在伸手不见五指的夜里准确地辨认出方向和物品，莫非它们的眼睛有特异功能？为了解开这个谜，我决定用实验来进行探究。

我用捕老鼠的笼子捉到了四只小老鼠。先取出一只，用胶布蒙住它的眼睛，再把它放了。只见它很快就沿着墙根钻进了一个墙洞里，第一次实验失败了。但我得出了一个结论，那就是，老鼠走路肯定不靠眼睛。那么，除了眼睛，它们究竟是用什么来辨别方向和物体的呢？我认真地琢磨起来。突然，"嗖"的一声，一只蝙蝠飞进来，在屋里绕了一圈后飞走了。咦，老鼠会不会也和蝙蝠一样，靠的是超声波呢？我马上又取出两只老鼠，封住其中一只的嘴巴，再封住另一只的耳朵和鼻孔，结果它们还是逃走了。我很奇怪，心想，这究竟是怎么回事呢？这时，笼子里的最后一只老鼠翘着胡子，用睁圆的眼睛瞪着我，似乎在嘲笑我。瞬间，一个想法在我脑海里生成，我取出最后一个"试验品"，狠狠地把它的胡子剪光，再蒙住它的耳、鼻、口，然后再"请"它走。结果却出乎我的意料，只见那个被剪光胡子的"试验品"不分东西南北，乱跌乱撞，完全没有了刚才的神气。原来老鼠的"眼睛"是胡子。

为了再次证明我的"实验结论"，我又捉了两只老鼠，剪去它们的胡子，其中一只白天"放生"，不料这家伙不仅没能进洞，还一下撞在了大花猫的身上，结果可想而知了。另一只是在晚上，我用一根细长的绳子拴住它的尾巴再把它放了。可是过了十多分钟，那只老鼠还没有找到回"家"的路呢。

通过两次实验，我终于明白：老鼠是不靠眼睛辨认方向的，真正的"眼睛"是它的胡子。因此，我也否认了"鼠目寸光"的说法，而把它改成了"鼠目无光"了。

难忘的一次历险

前几天的一节自然课上，赵老师给我们讲两栖动物，我正听得起劲，同桌文卓然悄悄碰了碰我的胳膊，小声而神秘地说："你知道吗？人要是碰了癞蛤蟆，就会长出像癞蛤蟆身上那样的疙瘩，可难看了。"我心里想：这不可能吧？

素有"小科学迷"之称的我，一下课便去请教赵老师，赵老师笑眯眯地说："会不会长癞子，你去查查资料，或者试一试，不就知道了吗？"没想到赵老师不轻易告诉我答案。

回到家，我请求爸爸给我寻一只癞蛤蟆。爸爸和我在院子里守候了几个晚上，终于发现了一只。没想到爸爸也是一个胆小鬼，碰到这么个难看的家伙，不敢轻易出手，而是找来一把火钳，把癞蛤蟆夹到早准备好的一个纸箱里。

接下来就看我的了，看着这只丑陋的癞蛤蟆，我怎么也没有勇气去碰它，想了又想，我决定先用虫子试一试。我捉来一条很大的青虫，用放大镜把它仔细看了个遍，还在纸上画下了它的形状，然后把它放在癞蛤蟆身上，看它有什么变化。我进行了三天的观察，结果那虫子和我画下来的一模一样，根本没有变化。

我心里踏实多了，决定在自己的皮肤上亲自试一试，尽管有了虫子的试验，可我心里还是害怕极了，"万一变成癞子了怎么办呢？"犹豫了半天，好奇心使我鼓起勇气，我右手拿起火钳夹住癞蛤蟆，左手手臂伸直，眼睛眯成一条缝，头也偏向右侧，嘴巴抿得紧紧的。癞蛤蟆快要接触手臂时，我的心怦怦直跳，拿火钳的手在发抖。我咬咬牙，闭上眼睛，猛地把癞蛤蟆放在左臂上，呀，真凉，我很快地用癞蛤蟆在胳膊上来回擦了擦。做完了一切，我赶忙丢下火钳，放掉癞蛤蟆，只感觉双腿发软，连看看手臂的勇气都没有了。

接下来是观察，一天过去了，手臂上没有长出癞子来，三天过去了，我的皮肤还是好好的。我终于长长舒了一口气。原来，人接触了癞蛤蟆是不会长癞子的。

后来，我又去查找了一些资料，了解到癞蛤蟆身上的疙瘩虽然难看，但能分泌出一种汁液，叫蟾酥，可以做药。癞蛤蟆是一种有益的动物，夏天，一天可以吃掉很多蚊虫呢！

经过这次难忘的历险，我居然喜欢上了这个丑陋的家伙。

鸭子口水的神奇功效

暑假，我回乡下外婆家。中午，吃鱼的时候，妹妹不小心把鱼刺卡在喉咙里，怎么也弄不出来，妹妹害怕得哭了起来，全家人急得团团转。这时，妈妈突然想起了什么，急匆匆地向奶奶家跑去。我便跟着妈妈想看个究竟，只见妈妈在奶奶的耳边神秘地说了几句话。一会儿，奶奶把一只鸭子抓出来，用绳子把鸭子头朝下吊了起来，用碗把鸭子的口水集中在一起，最后妈妈端着碗，让妹妹把这神奇的水喝到嘴里，并且含在嘴里别咽下去。妹妹含着神秘的水，不知所措地看着妈妈，一分钟过去了，两分钟过去了，三分钟过去了。妈妈让妹妹把这水咽下去。妹妹使劲一咽，突然惊讶地叫道："鱼刺不见了。"妈妈又叫妹妹漱了一下口，果然鱼刺消除了。

看着这神奇的鸭子口水，我惊讶极了，急切地问道："妈妈，这是怎么回事呀？"妈妈笑着说："我也不懂，这是老办法了。"我又问妈妈，妈妈让我自己调查。

我疑惑地走到鸭舍，给鸭子喂了一些带鱼刺的鱼肉，只见鸭子囫囵吞枣般地把鱼吞了下去，又自在地吃起别的东西来。是呀，鸭子在河里捉到小鱼、小虾、小田螺也可以咽下去而不被卡住，肯定与它们的消化器官有关。回到家里，我查阅了许多资料，原来，鸭子的消化器官能分泌出大量的酸性液体，能软化它所吃下去的较硬的东西。

小小鸭子的口水竟也有这么多的科学知识，看来生活中的科学是处处可见呀！

墙为什么会变白

我家厨房的墙上结了厚厚的一层烟尘，有时，只要妈妈烧起火来，靠火的那面墙居然会变白！墙为什么会变白呢？我翻来覆去地思考，始终想不出结果。一开学，我就去找教自然的姜老师，姜老师笑笑，说："你自己研究吧！想一想，是在什么条件下出现这种现象的？"

围绕老师的提示，我进行了这样的思考：墙壁上厚厚的烟尘可能是产生这种现象的主要原料，在什么条件下它会变白呢？联想到那天灶间始终燃着火，一走进屋里，就觉得暖烘烘的，我想，温度一定起了作用，是不是给这种物质加热后它就会变白呢？我决定试验一下。在爸爸的帮助下，我切下了一小块带有烟尘的墙壁，并用木炭给它加热，半小时后，墙壁表面已经被烧红了，但它没有变白，实验卡壳了。

我又找到姜老师，他听了我说的情况后，说："你想想，是不是忽略了什么？"我又认真回忆了那天的情景，忽然想到那两锅沸腾的开水，从水中冒出的"白气"弥漫了整个厨房，房里就像下了雾，是不是这些"白气"（小水珠）在起作用呢？我对实验进行了修改，在给这块墙壁加热的同时，用喷雾器慢慢地向上喷水，二十分钟左右，墙壁慢慢变白了。实验成功了，我高兴地跳起来。

我把实验过程告诉了姜老师，他表扬了我。"这种'白物质'是什么呢？"我忍不住问。老师说："石灰石。""石灰石？"我疑惑地看着老师，他告诉我："烟尘里含有一种叫氧化钙的物质，这种物质遇到水并且温度适当时，会生成氢氧化钙，氢氧化钙与二氧化碳结合就变成了石灰石。""哪儿来的这么多二氧化碳呢？"我又问。老师说："除空气中含有一小部分外，木柴等燃烧物在燃烧过程中也会释放出二氧化碳。"

回到家，我又做了一遍实验给妈妈看，她终于相信了。

灯光会影响水稻生长吗

前年听爸爸说我们这儿的晚稻在路灯影里与影外生长的情况不太一样，去年我又听爸爸说起此事。难道灯光对植物生长有影响吗？带着这个问题，在老师辅导和家长帮助下，我进行了灯光是否影响水稻生长的研究。

本村水泥大道的路灯整夜亮着，一根灯杆正好立在我家田边上。6月10日，我家插好了秧。晚上，我和爸爸一道在路灯杆背影里选了2棵秧苗，同时在这2棵秧苗旁边灯光照得到的地方，也选了2棵秧苗作为对比实验。经当时观察，实验的两处秧苗没有明显区别，又测量计算了两处秧苗的平均高度并做好记录。我与爸爸约定，今后这两处秧苗在灌水、施肥、除草、防治病虫害等方面一致对待。以后稻子的生长情况记录于表中（见下表）。

时间	稻叶颜色		植株均高（厘米）		成熟情况	
	照灯光	背灯光	照灯光	背灯光	照灯光	背灯光
6月10日	嫩绿	嫩绿	20	20		
7月10日	翠绿	嫩绿	38	39		
8月10日	葱绿	翠绿	76	78		
8月28日	葱绿	翠绿	95	97	小半抽穗	开始抽穗
9月5日	深绿	葱绿	100	103	开始灌浆	全部抽穗
9月20日	深绿	葱绿	103	105	满浆	大半浆
10月1日	转黄	深绿	105	107	稍硬浆	大半硬浆
10月10日	金黄	转黄	110	112	硬浆	稍硬浆
10月14日	枯黄	金黄	109	112	成熟	基本成熟

10月15日（收割的前一天），我用刀平着地面，割下实验的水稻，测平均穗重：照灯光的是3.5克，背灯光的是3.9克。

　　从以上实验记录看出：受灯光照射的水稻秆矮、成熟快、产量低。灯杆背影里的水稻秆高、成熟晚、产量高。这一结果说明灯光影响水稻的生长，也验证了爸爸前两年的说法。我想不通的是：植物进行光合作用，光不是越多越好吗？我又请教了科学课老师。老师带我去九龙镇农业技术推广站进行访问，袁站长接待了我们，听了我们实验情况和不解的问题后，他解释说："水稻是喜光、短日照植物，需要的日照数少于临界日长，临界日长是指植物开花所需求的日照射数。水稻在一定的生长阶段里，每天既要有相当的日照射数，相对地就要有一定的暗期。暗期的连续是否得到满足，对花芽的形成影响很大。那整夜亮着的路灯，一会引来大量的喜光虫子，其中不少是害虫，这就使光照的秧苗受虫害较重；二会使水稻需要暗期时没有了暗期，这样就产生了你们实验的结果。"

　　通过这次实验活动，我认识到，事物之间是可以互相影响的，但要讲究科学方法，按照规律办事。

狗睡觉前会打转转

狗是我形影不离的朋友。可我发现，狗在睡觉前找好了位置，总要原地转上好几圈后，才心安理得地蜷缩着身子睡下去。狗在睡觉前为什么要打转转呢？经过多次观察，我还是百思不得其解。

来到学校，我找自然老师寻求答案，自然老师反倒给我出了几个难题："请你回去再观察，一年中狗在什么季节睡觉时打转转？你学着狗的样子试验一下，打转时蜷缩着身子睡下去和随意睡下去的姿势、感觉一样吗？"

我好像茫茫大海中迷失了方向的小舟看见了航标灯，顿时让我增添了进一步探究问题的信心和勇气。按照老师的指点，我日复一日、月复一月的观察，学着狗的样子做狗睡觉的试验，坚持做观察记录，写试验体会。

一年后，我认真分析了我所有的观察记录，得到了这样的结论：一年中，只有在天冷的季节，狗在睡觉前才会打转转，并蜷缩着身子睡觉，大热天绝没有这种现象。联想到人的生活习惯，我终于明白了：人在天冷的时候不也是蜷缩着身子睡觉吗？所以冷天狗为了睡得舒适，使身上的热量减少损失，为此，它在睡觉之前，总要原地转几圈，以调整睡姿，让自己早早进入梦乡！

后来，在上自然课的时候，我把这一研究结果告诉了全班同学，大家对我报以热烈的掌声，老师还夸我是个"问题专家"呢！

对四种洗衣粉洗涤效果的比较研究

一、研究的目的

随着科技的发展，人们生活水平的提高，洗衣粉的品种也越来越多了，为了了解洗衣粉的洗涤效果，我利用 10 月 1 日放假时间，对四种洗衣粉进行了调查试验。

二、研究的具体步骤：

1. 确定调查对象：雕牌、奥妙、巧手、传化四种牌子的洗衣粉。
2. 选择一块大一点的脏布，把它分成同样大小的四份。
3. 用同样多的水，一样的温度，放入相同分量的洗衣粉进行洗涤。
4. 洗涤方式一样：先浸泡 10 分钟，然后用手搓。
5. 洗好后，晒干进行比较。
6. 用不同颜色、质地的布反复几次，程序一样。
7. 根据调查、试验，对结果进行比较、分析，写成试验报告。

三、四种洗衣粉的情况介绍：

我利用假期对要进行试验的洗衣粉进行调查，了解了它们的产地、重量、价格，并制成表格如下：

品牌	产地	重量（克）	价格（克）
雕牌	浙江	320	1.5
传化	浙江	320	1.5
巧手	湖北	320	1.7
奥妙	安徽	320	2.5

四、实验结果与分析

1. 实验结果

通过调查我发现不同质地的布，经过 10 分钟浸泡后，再用手搓效果是不同的。如下表：

	毛巾		棉布	
	污垢	油渍	污垢	油渍
雕牌	手搓好一会上面才没有污垢	手搓不干净效果最差	搓几下就干净了，效果最好	油渍不渗开，搓几下，又白又干净
传化	搓几下还算干净	油渍不渗开，搓几下，稍微有点油渍	搓几下就干净了，又干净又白	油渍渗开来，搓几下就干净了
巧手	泡后，污垢就少了许多，搓几下就干净了，效果最好	油渍渗开来，搓几下就干净了	搓几下也干净了，效果最差	油渍不渗开，搓几下就干净了，但还有油渍味
奥妙	泡后，污垢没有少，搓几下就干净了	油渍渗开来，搓了一会就干净了	搓几下也干净了，效果还可以	油渍不渗开，搓几下又白又干净

2. 分析：

（1）从试验结果看，不同质地的布，用不同品牌的洗衣粉洗涤的效果也是不一样的。

（2）如果洗毛巾之类的物品，"巧手"洗涤效果最好，洗得最干净。"奥妙"排第二，"雕牌"效果最差。从价格上看，"巧手"最经济实惠，其次是"奥妙"和"传化"。

（3）如果洗棉布之类的物品，"雕牌"和"奥妙"洗涤效果最好，洗得最干净。但"奥妙"价格要贵，所以选"雕牌"最经济实惠。

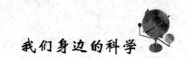

变色龙是怎样变色的

星期天，我和表弟在山上玩，表弟突然大叫一声，我以为是一条蛇吓住了他。我跑去一看，原来是一条长20厘米，头部尖小，两眼发亮，四肢很短，尾巴长，身体短的小动物。我告诉表弟不要害怕，看我是怎样擒拿它的。我们捉住了小动物后，把它带回了家。

我们先把这个小动物装在盒子里，决定来研究这个小动物。为了喂养它，我们在盒子里放上了青草，过了一会儿打开盒子一看，哎呀！它跑哪里去了？我仔细一观察，原来它变成了绿色，变得跟青草一个颜色。我们推测它是一条变色龙，但它是怎样变色的，我们决定弄个明白，于是我们做起实验来。我先采了一些红花，在盒子周围插上了红花，盒子里放满了红花，然后把变色龙放在花的中间。过了一会儿，变色龙左看右看，想逃跑，我想办法拦住它，它便开始变色了，首先是腿上一点点变红，然后红色越来越多，接着是身上、尾巴上，最后全身都变成了红色。

为了更进一步证明它是不是变色龙，我又设计了一个实验，把盒子里换成紫色的布，把它放在紫色的布上观察，变化也是这样的，身体都变成了紫色。我听老师说过，变色龙能随环境变化肤色，这是它逃避敌害的绝招，我和表弟进一步证明这只小动物是变色龙。

通过这项研究，我和我表弟知道了变色龙是怎样变的，第二天我到学校把研究结果告诉了老师和同学，将捉到的变色龙提供给大家来研究，他们证实了我研究的结果，最后他们都夸我"很了不起"。

水中的植物能进行光合作用吗

上个学期我从自然课中知道植物在阳光下能进行光合作用，我们也做了实验知道植物确实能进行光合作用，但做实验的植物是陆地上的植物，在水中也有绿色植物，那么水中这些植物能不能进行光合作用呢？

带着这个疑问，我问了我的自然教师，杨老师说我可以做个实验证明一下，于是我开始考虑如下的实验。我们知道水中的鱼是需要氧气的，如果没有氧气，鱼会死亡，所以我觉得可以用鱼来证明水中的植物是否能进行光合作用。

在老师的指导下，我对实验进行如下的设计：在两个完全相同的密闭透明玻璃瓶中放入相同量的水，一号瓶中只放入一条金鱼，二号瓶中放入一条金鱼和一些水草，水草用小石头固定，然后进行观察。

下表是我的观察记录：

日期	一号瓶	二号瓶
4 月 12 日	金鱼很活跃	金鱼很活跃，水草是碧绿的
4 月 13 日	金鱼行动有点缓慢	水草在阳光下，茎叶上有很多气泡，金鱼仍很活跃
4 月 17 日	金鱼死了	水草上的气泡没有以前多，在下半部分出现了暗红色，金鱼活动没那么活跃
4 月 18 日		水草底部叶子变成中灰色，金鱼活动不活跃
4 月 20 日		水草两端出现明显腐烂，气泡更少，金鱼活动迟钝
4 月 22 日		金鱼死亡，水草只有中间没腐烂，但是黄色

在实验中我们可以看到：没有放水草的瓶里的金鱼只活了五天时间，

而放水草的金鱼却活了十天时间，两者的不同仅仅在于有没有水草。通过以上实验我们可以知道，实验过程中，在水草上出现的气泡是水草放出氧气的现象，正是因为有了氧气，二号瓶中的金鱼才会比一号瓶中的金鱼多生存了五天，最后由于水草腐烂无法进行正常的光合作用，不能放出足够的氧气，所以金鱼慢慢死亡。

由此我得出结论：不但陆地上的植物能进行光合作用，水中的植物同样也能进行光合作用。

种樱桃朝天椒得来的知识

3月，我在我们学校种了一盆樱桃朝天椒。在我精心的护养下，我的樱桃朝天椒长得非常好。可是，在5月8日的时候，发生了一件事情让我很疑惑。老师叮嘱我，必须把樱桃朝天椒的树尖给摘了。摘了后，我带着疑问仔细观察了一阵子，发现摘了树尖后，樱桃朝天椒的身高虽然长得慢了但花开得多。我就想：为什么樱桃朝天椒摘了树尖以后长得慢但花开得多呢？

"还是定个研究计划吧。"我说。我马上在一张纸上写上研究思路：一、到图书馆去看书查资料；二、问爸爸妈妈；三、上网查找资料。一眨眼，研究计划就写好了。

我看了看研究计划，想：还是用第一种方法吧。我马上叫爸爸带我去图书馆看书，查找资料。最后我在《养花顾问》里面找到了答案。

书上是这样写的：以手指或剪刀摘除新梢的顶端，目的是为了抑制植物的生长，有利养分积累，促使萌发侧枝，或加粗生长，或花芽分化等。有时为了调整邻近新梢的长势，也可通过摘除新梢，来达到抑强扶弱的目的。

我找出答案，高兴得叫了起来。

怎么预防金鱼生白点病

金鱼，你一定养过吧。可据我了解，有绝大部分的金鱼刚买来时活蹦乱跳的，几个星期后却不幸去世了，这是怎么回事呢？想解开其中的谜团吗？想让自己的金鱼更健康吗？那，你就看看我的研究吧！

话还得从去年春天说起。去年春天，我购进了"珊珊"和"文文"这两条金鱼。一开始，"珊珊"、"文文"精神状况挺好，似乎整天在鱼缸里嬉戏，可开心了。可数十天后，它们俩就开始不吃食了，二十来天后，就不太爱游了，一个月后，"珊珊"与"文文"竟平躺在水面上，停止了呼吸。

小金鱼为什么会死呢？我仔细观察了金鱼的尸体，惊讶地发现它们鳍上长着点点白斑，咦，那不是大人们常说的白点病吗？白点病是否与金鱼的死有关呢？金鱼怎么会生白点病呢？我往金鱼缸四周一看，哟，挺阴暗的，这里终年晒不到太阳，难道金鱼的死跟它生活的环境有关？我想，如果把金鱼放在有阳光的地方养，不知道会怎样啊？为了解开这些疑惑，我进行了进一步的研究。

于是我又购进了6条金鱼，分三组进行实验，每两条金鱼为一组，我把A组的两条金鱼生活的金鱼缸放在阴暗的角落里，不给它们晒太阳；把B组的两条金鱼生活的金鱼缸放在干燥的长桌上，天天给它们晒2小时的太阳；把C组的两条金鱼生活的金鱼缸放在明亮的窗台边，并且给它们一星期晒三次太阳，每次20~30分钟。

安置好金鱼，我开始观察起来。一星期后，A组的两条金鱼开始停止吃食，瞧，两条金鱼消瘦了不少，金鱼鳍上还隐隐约约长出了几颗白斑。B组的两条金鱼没太大变化，比较健康。C组的两条金鱼吃食特别厉害，一撒下去就争先恐后地抢起食物来，整天悠闲自在地玩耍。两个星期后，A组的两条金鱼已不大游动，金鱼鳍上的白斑已长了许多。B组的两条金鱼常吃不完食物，不过还算健康。C组的两条金鱼根本没什么变化，还长大了一些呢。

一个月后，A 组的两条金鱼已全死了；B 组的两条金鱼鳍上布满血丝，有生白点病的前兆，吃食也不太好；C 组的两条金鱼却依旧十分健康，由于吃食均衡，长胖了许多呢。

通过实验，我有了结论：只有把金鱼缸放在干燥、明亮的地方，让金鱼适当地晒太阳才能预防金鱼生白点病。现在，听了我的介绍，你该知道怎么养一群健康的小金鱼了吧！

亲眼所见未必一定真实

夜，静悄悄的，一阵凉凉的风穿过窗户，轻轻地吹拂着我的脸。黑色的天幕上，稀稀落落的几颗星星，像害羞似的，时隐时现，在它们中间有个银盘似的月亮——夏夜十五的月亮。啊，月亮刚升起来的时候显得特别大，等升到空中之后，看起来比较小，为什么呢？难道是月亮变小了吗？还是视觉上的错觉？

我翻阅了《十万个为什么》，找到了答案。原来月亮刚升起来时，我们的眼睛很自然地拿它和地平线上的建筑物或其他物体做比较，就会觉得月亮特别大；等月亮升到高空后，那里没有什么东西可以和月亮比较大小，我们就会觉得月亮小了一些。

为了证明这一点，我做了实验。

我把两个同样大小的苹果分别放在两个不同大小的盘子上，人眼看起来却觉得两个苹果不一样大，小盘子上的苹果看起来比大盘子上的苹果大一些，这也是视觉上的错觉。

第二个实验是准备一根像铅笔那么粗、长50cm的小棍，再找一枚中间开有直径5mm小孔的铁片和3cm长的透明胶带，用胶带把铁片粘牢在棍子的一端。我将棍子的另一端移近眼睛，透过小铁片的圆孔观察月亮，这时，我发现不论什么时候，月亮的大小都刚好和铁片上的小孔差不多大，刚升起时和高挂在空中时的月亮实际上是一样大的。

通过以上的实验，证明了为什么刚升起来的月亮特别大的问题，原来，眼见也未必为实呀，是我们的眼睛骗了我们。同学们，以后观察事物要仔细观察，不能盲目的下结论。

毛毛虫为什么不"咬"手心

星期天，我与几个小伙伴到桑树林去采桑葚。采着采着，苹苹发现了一条毛毛虫，吓得大家都躲得远远的，只有小刚不害怕，他还用一根小树枝把毛毛虫挑起来，放在自己的手心里玩。我们都奇怪地问他："毛毛虫怎么不咬你呀？"

小刚说："毛毛虫也不会咬你们的。不信，你们试试！"

几个胆子较大的同学先试了试，看他们都笑嘻嘻地说不会咬，我也伸出手试了试，毛毛虫只在我手心里爬，果然不咬我的手心！但是后来，小方不小心让毛毛虫碰到了手腕，一下子疼得大哭起来，我们一看，被毛毛虫咬过的地方红肿起来。

回到家，我一直在想这件事，为什么毛毛虫不咬人的手心？是不是手心太光滑了它没办法咬？还是……后来，我去请教正在念大学的邻居小林叔叔，这才知道其中的道理。原来，毛毛虫咬人并不是"咬"，而是它身上长满了毒毛，这种毒毛与体内毒腺相连，毒毛碰到人的皮肤后，毒液通过人皮肤上的毛孔进入人体内，就使人产生痛痒的感觉，同时皮肤会红肿。原来是这样啊！所以人身上有毛孔的地方，毛毛虫都会"咬"，而人的手心上是没有毛孔的，所以把毛毛虫放在人的手心里时，毒毛里的毒液不会进入人体内，人就不会感到痛痒，于是就觉得毛毛虫不会"咬"手心了。真没想到，毛毛虫"咬"人还有不少学问呢。

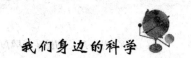
贪吃又好斗的蟋蟀

我家的牙签盒里有一大一小两只蟋蟀，那可是我好不容易从中央花园抓来的。

它们全身灰不溜秋，一对长长的触角长在椭圆形的脑袋上。身上有两只"隐形"的翅膀，身体下面有三对脚，后腿肌肉发达，一蹬能蹬过我铅笔盒竖起来这么高。

记得上次我放学回家，在门口，就听见蟋蟀"蛐……蛐……"的二重唱声音。我知道，那一大一小的肚子又在唱"空城计"了。我连鞋都顾不得脱，从抽屉里拿出青草来喂它们。它们吃草有趣得很，先是把草抓起来，然后"啊呜、啊呜"地吃了起来。而且，它们只挑嫩的草吃，老的草连碰都不碰。这可害苦了我，我每天都要到附近农田去找一些嫩嫩的小草。它们还身在福中不知福，吃饱了撑着，竟打起架来。

它们先用触角碰一下，像在谈什么军机大事，然后头碰头地打了起来，每天都要打两三个回合。这不，小蟋蟀的后足被大蟋蟀打伤了，小蟋蟀成了伤员，大蟋蟀好像也知道自己错了似的，好几天都不打架了。可是江山易改，本性难移。过了几天，它们又打了起来，你说讨厌不讨厌？几星期后，小蟋蟀"抢救无效"死亡了，大蟋蟀也"过度悲伤"死亡了。我连失两员"大将"，心情有点不好，连吃饭都觉得没味道。蟋蟀为什么这样好斗，我至今也没弄明白。

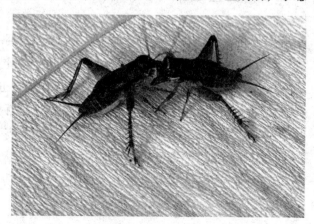

"肯德基"的营养与健康调查

谁都离不开吃，可不一定人人都会吃。特别是独生子女生活优裕，食品丰富，但"营养不良"导致过胖或过瘦的现象仍普遍存在。为探讨如何提高在校学生的营养水平和身体素质的问题，我们针对大家感兴趣的"肯德基"食品开展了调查、研究。

一、调研方法

1. "肯德基"食品为什么这样受孩子们的欢迎？它是否有利于我们的身体健康？根据这个问题展开问卷调查。

2. 依据中国医科院的《食物成分表》，计算人均每天各科营养素的摄入量。

3. 将"肯德基"食品与所得结果相比较，得出"肯德基"的营养是否有利于我们的健康。

二、调查结果

1. 学生喜爱"肯德基"食品主要有以下几个原因：

（1）大量的宣传广告深入人心。我们在电视上经常能够看到制作精美的电视广告。在实际生活中，"肯德基"的工作人员也不辞劳苦，深入学校与学生开展活动，使得"肯德基"在学校的知名度是百分之百。

（2）热情的服务与舒适的消费环境，大大提高了"肯德基"的美誉度。

（3）味美的食品更是吸引学生的主要原因。

2. 大部分的学生没有考虑过"肯德基"的营养是否有利于身体健康。

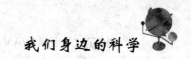

三、分析

"肯德基"快餐主要有可乐、薯条、汉堡包、炸鸡块等几项饮料食品，"肯德基"食物以炸为主，其中所含热量较多。在这样的一份西式快餐中，差不多含有相当于人一天中所需的能量，但其中的营养素如维生素，矿物质却相对很低。快餐所配饮料也多是高糖而少营养的碳酸类饮料。经常食用这些高能量低营养的食品，一方面会导致能量过剩，造成肥胖症；另一方面，会使人体缺乏必要的营养素，造成营养不良。

四、建议

1. 注重吃的科学，不偏食，不挑食，不盲目追求花钱多的食品。

2. 西式快餐食品偶尔救一下急，尝一下新鲜是可以的，但千万不能认为它们是营养合理的好东西而长期和过度食用。

3. 不健康的饮食行为是健康的大敌，我们要靠毅力逐渐消灭它们，养成健康的饮食行为。

竹子里有什么气体

我们知道莲藕中的孔里有空气，可以帮助它们在水中呼吸，由此我们联想到竹子里面是空的，是否也有空气或别的气体呢？我们围绕这个问题进行了研究。

我们猜想竹子里面的气体可能含有氧气、二氧化碳、氮气。为了证明竹子里有什么气体，我们做了几个实验。

首先，我们必须先把竹子里的气体收集起来。我们用小铁钉把竹筒穿一个洞，然后迅速把竹筒放到水里，再拿一个装满水的集气瓶放在竹筒的洞上，收集竹子里的气体。收集好气体后，用玻璃片盖上瓶口。我们这样收集了十几瓶气体。

实验一：我们根据氧气能支持燃烧的性质，把点燃的蜡烛放进从竹子里面收集的气体中，发现蜡烛能在气体中燃烧，说明气体中含有氧气。

实验二：比较空气中的氧气和竹子里气体中的氧气的多少。

气体名称	方法	燃烧时间				
		第一次	第二次	第三次	第四次	平均值
空气中的氧气	把蜡烛分别入在装空气竹子气体的瓶子中，看蜡烛在各气体中燃烧的时间	3秒	3秒	4秒	4秒	3.5秒
竹子里气体的氧气		3秒	3秒	4秒	4秒	3.2秒

经过多次的实验我们发现，竹子里气体含氧气的量比空气中氧气的含量要少一些。为了能准确知道竹子里氧气占多少，我们还做了一个实验。我们将一张纸条贴在带导管的胶塞上，导管的一端放在水里，用手捏着软导管，

再点燃贴在胶塞上的纸条，迅速放入装有竹子里气体的瓶中，将胶塞紧紧塞住瓶口，等纸条燃烧熄灭后，松开捏着的导管，让水流进瓶子里，看水占瓶子多少的空间。实验后，我们发现竹子里气体的氧气占 1/8 ~ 1/6。

实验三：

气 体	方 法	现 象
空 气	分别把澄清的石灰水倒入装有空气和竹子气体的瓶子里，轻轻摇动	没有变化
竹子里的气体		变浑浊

通过以上几个实验，我们终于知道竹子里的气体的成分有氧气和二氧化碳。氧气含量比空气里的氧气稍微少一点，而二氧化碳比空气的要多。竹子里有没有氮气我们没办法做实验证明，等我们上中学后我们还想继续研究。

虽然我们知道了竹子里面气体是什么，但我们又有新的疑问：竹子里的气体是怎样产生的，它是怎样进入密封的竹筒里的呢？其他空心的植物茎秆里面有什么气体呢？我们将继续研究，探索大自然的奥秘。

洗手池的排水管为什么是弯的

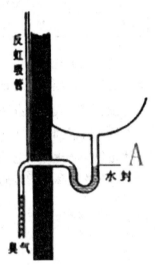

同学们，你们知道洗手池的排水管为什么是弯的？可能很多同学会回答，直管和弯管都能排水，而且直管可以节省材料，为什么要用弯管呢？以前，我也是这么想的。可现在，我全明白了。

我经过实验证实，使用直管有两大缺点：

（1）下水道里的臭气会顺排水管返回室内。

（2）顺排水管流下的残渣，堆积起来会堵塞下水道口，难以清理。而 U 形管却恰恰弥补了这两大缺点。

U 形管的好处是：

（1）防止臭气逸出。因为 U 形管这种特殊的形状，使 U 形管内一直充满水，而且两边水面相平，既不会影响排水，又隔绝了臭气从下水道返回的通路。当臭气逸出时，排水管内的水阻碍了臭气逸出。

（2）管内堵塞时，容易清理，当残渣顺水排下时，会堵塞在 U 形管中，而不会堵塞下水道口。这样，就可以直接把管子拆开清理，非常方便。

通过分析 U 形管的结构和好处，我不仅明白了洗手池的排水管为什么是弯的，还知道了遇到问题要勤动脑、多思考，这样才能找到问题的答案。

凶恶的"软刀子"

这几天，我睡觉时总是翻来覆去睡不着，原因是邻家的房屋要维修。晚上，那电锤钻墙发出的噪声，使我彻夜难睡，心情暴躁，神经紧张，总之，感觉很不舒服。好奇心促使我去查资料。看看这凶恶的"软刀子"到底有什么致命的危害。

我从课外书上查到相关资料：噪声一般在 70 分贝以上，能使人的交感神经紧张，末梢血管收缩，心跳过速，血压变化。所以长期工作在噪声环境的人，高血压发病率比在无噪声的环境工作的人高好几倍呢！噪声还会使人心情烦躁，反应迟钝，注意力分散。

既然噪声对人体的危害巨大，我们何不也拿各种昆虫做实验，研究噪音这把凶恶的"软刀子"对动植物带来的危害。

于是，我从郊外捉来两只蝴蝶放在塑料箱里，然后，我把收音机的声音放大，连我听着都觉得有点刺耳。当然，我先前用塞子堵住了耳朵，所以不会对我造成太大的影响。我仔细观察着蝴蝶的动静，小蝴蝶的反应过程是：

①未放噪声时，蝴蝶既活泼又可爱。

②噪音刚开始播放，蝴蝶表现出惊恐形态。

③在持续的噪声中，蝴蝶疯狂跳跃。

④绝望的蝴蝶，拼命扑腾。

⑤蝴蝶开始抽搐。

⑥蝴蝶已死去。

这个实验做完，我立即将收音机关掉，更可怕的是，这一切仅仅发生在几分钟里！

后来，我又用蛐蛐做实验，我把收音机的声音扭到最大，蛐蛐猛烈跳跃，撞得塑料箱"咣咣"作响，十分钟后，蛐蛐开始抽搐，慢慢地就死去了。我又用蜜蜂、天牛、蚱蜢做试验，结果都很相似。

　　我知道了噪声的危害，于是，我自己设计了一个正方形的消音器，体积很小，像个耳机，我在里面放些泡沫塑料，再在上面打一个小孔，一个消音器做成了。每当晚上睡觉的时候，我就把它塞在耳廓里卡住，虽然不很舒服，但还过得去，因此，我再也不为睡不着而发愁了。

　　噪声的确是杀人不见血的"软刀子"，所以我们要远离噪声，生活在幸福、健康的环境里。

利用"蜜醋水"巧治食果蛾

我家承包了后山 20 来亩梨园。一天中午，爸爸从梨园回来，手里拿着两个梨子，叹着气对妈妈说："你看，梨子又烂了。"妈妈无可奈何地摇着头。我顺手接过梨子，翻来覆去地看。在梨子坏掉部分，有一个针眼似的小洞，像是什么虫叮咬成的。是被什么虫叮过？我决定弄个水落石出。

星期天，我和爸爸去梨园，蹲在几棵梨树间，腿酸了，眼花了，也没有发现线索。夜晚，我又和爸爸去守夜，我拿着手电筒在林间轻轻走动，只发现许多大小不一、形状各异的蛾子在飞动。其中有几只像向日葵籽般大的灰蛾，围着一个大梨子飞来转去，最后有一只伏在梨子上不动了。第二天去看那个梨子，上面有一个针眼似的洞，四周黑了一圈。第三天再去看，梨子黑了半边脸。啊，烂梨原来是小灰蛾捣的鬼。

那些小灰蛾怎么治呢？我采用对比的方法进行试验观察，并做好记录：

第一天：5 张"粘蝇灵"平铺在一棵梨树脚下，上面都粘满了蚂蚁、蚱蜢之类的小虫。5 张"粘蝇灵"贴在一棵梨树树梢处，粘住 3 只甲壳虫。

第二天：半盆浓糖水放在梨树林地上，上面浮着一些小虫和 3 只食果蛾。半盆浓蜜水上面浮着许多小虫和 5 只食果蛾。

第三天：半盆加醋的糖水放在梨树间空地处，上面浮着一些小虫和 5 只食果蛾。半盆加醋的蜜水上面浮满了小虫和 8 只食果蛾。

第五天：半盆加醋的糖水放在梨树间空地处，上面浮着许多小虫和 6 只食果蛾。半盆加醋的蜜水放在梨树间一个约 0.5 米高的凳子上，上面浮满了小虫和 12 只食果蛾。

第七天：半盆加醋的糖水

放在梨园中央，上面浮着许多小虫和 7 只食果蛾。半盆加醋的蜜水放在梨园边缘处，上二面浮着许多小虫和 16 只食果蛾。

第十天：半盆加醋的糖水放在梨园风口处，上面浮着许多小虫，其中有 8

只食果蛾。半盆加醋的蜜水放在梨园风口处，上面浮着许多小虫，有 14 只食果蛾。

　　通过以上的观察记载，从中得出：蜜醋水治食果蛾效果最佳。我把这个消息告诉了爸爸，爸爸脸上顿时由阴转晴。打这以后，每天夜里，爸爸把盛着蜜醋水的盆子，放在梨园的不同处的凳子上，淹死了许多小灰蛾。由于有效地防治了食果蛾的危害，今年我家烂梨子少多了。邻居们按我提供的方法去治虫害，也控制了烂梨的现象。

我发现了蝌蚪是杂食性动物

四月的风暖暖的，在老师的启发下，我们班兴起了一股养蝌蚪风，作为自然课代表，我当然也不示弱，从池塘里捞来了一些蝌蚪卵，精心地照料着。

三天后，小蝌蚪钻出了卵泡，但还不会游动，只是紧紧地贴在卵泡上，偶尔抽动一下身体，给它们吃些什么呢？不吃东西会饿死的。正当我为此烦恼时，我发现卵泡上出现了大大小小的窟窿，难道刚刚出生的小蝌蚪是靠吃卵泡来吸取营养的？我拿出放大镜，仔细地观察着。果然，它们的小嘴一张一合的，正在津津有味地吃着自己的卵泡。

又过了三天，它们的小尾巴长了，可以在水中游上一小段时间。我把卵泡的残渣清理掉后，又给它们换上了新的池塘水，还有一只已经长大的黑蝌蚪加入其中。可是，由于它对新环境不适应，很快就死去了。我没有及时地把它捞出来，却在第二天意外的发现，死去的黑蝌蚪尾巴少了一节。难道是腐烂了？几只小蝌蚪正围在它周围，我再次拿出放大镜观察，发现它们正在吃黑蝌蚪的尾巴，我不敢相信自己的眼睛，可几天后黑蝌蚪的消失证实了我的答案。

蝌蚪究竟还吃什么？我的好奇心更加强烈了，我把它们分成几组养了起来：第一组喂嫩草叶，第二组喂小蚂蚁，第三组喂煮熟的小米或大米，第四组以上几种都喂。通过一周的观察结果如下表：

组别　　　项目	喂养只数	死亡只数	观察现象
第一组	5	1	爱吃草叶，排出绿色粪便，长得较慢
第二组	5	3	不爱吃蚂蚁，但偶尔也吃，不爱长
第三组	5	2	爱吃小米或大米，但长得很慢
第四组	5	0	以上三种都吃，长得较快

通过以上观察，得出的结论是：蝌蚪是杂食性动物，以多种有机物为食料，但不能长时间吃同一种食物，否则会营养不良，甚至死亡。这下好了，以后我可以根据研究结果合理地喂养小蝌蚪，使它们健康成长。

蚂蚁搬家就要下雨吗

暑假的一天，我喊了几个小伙伴，继续做我们喜欢做的事——喂蚂蚁。

我们观察与喂养的那窝蚂蚁刚与另一窝蚂蚁打了一仗。我们去草坪捉蟋蟀喂蚂蚁，把死去的蟋蟀放到蚂蚁窝旁边。一会儿，一只蚂蚁嗅到了食物的气味，用触角碰碰蟋蟀，试图拉回去，可是没有成功。于是它回去"喊"来了许多蚂蚁，一齐用力，终于把蟋蟀抬起来了。奇怪的事情发生了，它们并没有把蟋蟀拖回洞里，而是把蟋蟀拖到了一处地势低洼的草丛里。我们扒开草丛一看，那里有一个事先挖好的洞，它们用了很长时间才把蟋蟀撕破，然后拖回了这个新洞里，不一会儿，蚂蚁们成群结队地进了"新家"。我说："蚂蚁搬家，就要下雨了。我们回家吧。"于是我们各自回家了。

奇怪的是接连几天没有下雨，反而气温高得吓人。我想："奇怪，蚂蚁搬家，竟然没下雨。难道是蚂蚁弄错了吗？这里边一定有问题。"于是我又下楼去看，蚂蚁仍然在草丛里忙碌着。

几天过去了，气温仍然很高。一天，我正在看电视，天气预报发出了即将下雨的消息。我下去一看，蚂蚁搬离了草丛里的洞，又回到了原来的窝。下午，果然下雨了。我不明白这是怎么一回事，于是我就回家查阅《百科全书》。查了很长时间，可是怎么也找不到答案，我又查阅其他书，最后终于在《当代小学生》上找到了答案，原来蚂蚁搬家不一定预示天要下雨。它们往高处、干燥的地方搬家是要下雨，而当蚂蚁往低处、潮湿的地方搬家则是要一连几天"大旱"。哦，原来如此！大自然真是奥妙无穷啊！

土鸡蛋和洋鸡蛋

鸡蛋，对于每个人来说并不陌生，以前，我不太喜欢吃鸡蛋，但是从今天开始，我对鸡蛋"情有独钟"，你想知道原因吗？

今天的早餐是荷包蛋，我吃了还想再吃。就问妈妈今天的鸡蛋怎么这么香，与以前鸡蛋的味道不一样。妈妈说："今天吃的是土鸡蛋。"我莫名其妙，难道鸡蛋还有土和洋两种？我决定弄个明白。

说干就干，首先我找来了土鸡蛋和洋鸡蛋进行观察、比较。从鸡蛋的外观上看，土鸡蛋个稍小，壳稍薄，蛋壳纹理稍粗，色浅，较新鲜的蛋蛋壳上有一层薄薄的白色的膜。而洋鸡蛋相对来说比土鸡蛋大一些，蛋壳稍厚、色深，蛋壳相对细腻。然后，打开蛋壳，蛋黄略小，呈金黄色的是土鸡蛋；蛋黄略大，呈浅黄色的为洋鸡蛋。

为什么同是鸡蛋，它们会有这些不同的特点呢？于是我查阅了一些资料，发现土鸡蛋是农民家里放养的母鸡下的蛋，主要吃青草和小虫，而洋鸡蛋则是养鸡场在笼子里养的鸡所下的蛋，吃的是饲料。土鸡蛋和洋鸡蛋除了有外观上的不同，那么这两种鸡蛋哪种营养价值更高呢？科学家对两种鸡蛋的17种氨基酸含量进行测定分析，没有明显的差异，营养价值差不多。但为什么现在很多人愿意高价买土鸡蛋，也愿意吃土鸡蛋呢？这仍是我心中的疑惑，也许是因为土鸡蛋吃起来比洋鸡蛋香吧。

通过这次调查研究，我深深地体会到：观察研究问题不一定马上就能得到满意的答案，还要继续不断去努力探究。

破解蜘蛛网上的虫子空壳之谜

星期六，接做完作业后，到家后面的一片小树林中去玩，一不小心，头撞到了蜘蛛网，弄得我满头都是蛛丝，我气急败坏地把粘在头上的蜘蛛网扯了下来。我的气总算消了，同时，我发现了一个奇怪的问题：每个挂在蜘蛛网上的虫子都只剩下空壳。我心想，一定要把这个问题弄清楚。

为了弄清楚这个问题，我专门做了一个实验：我捉了几只苍蝇，使劲往一个蜘蛛网上扔，蜘蛛看到苍蝇撞到了网上，赶紧爬了过来，在苍蝇身上抓了抓，然后又用丝把苍蝇捆起来。我更加仔细地看着，只见蜘蛛又用嘴往苍蝇身上吐"唾沫"，一会儿后，好像在吃又好像在吸水。大约过了半个小时，苍蝇还留在网上，而蜘蛛爬走了。我仔细看了看苍蝇，发现它们的肚子是空的。这时，我更加疑惑起来：苍蝇的肚子为什么变空了呢？

于是，我带着这个问题回到家里，经过几天的查阅，终于在《十万个为什么》这本书中找到了答案，我恍然大悟：原来蜘蛛网是蜘蛛狩猎食物的工具，苍蝇、蚊子、牛虻等害虫就是它的捕食对象。这些空中飞舞的小昆虫误撞到蜘蛛网上，便立刻被粘住，蜘蛛就向前用钳角内的毒液，将其毒死，并用蛛丝把它团团绕住，再向其体内注入一种名叫酶素的消化液，这种消化液能溶解蛋白质，将昆虫体内组织溶化成液汁，供蜘蛛吸吮。昆虫壳的成分不是蛋白质，不能被消化液溶解，所以蜘蛛吃食后，昆虫的空壳就完整地留在蜘蛛的网上了。

通过这个发现，我悟出了一个道理：科学就在我们的身边，只要我们留心，仔细观察、研究，就会有所发现。

蝗虫溺水身亡之谜

星期天，我和几个小伙伴去泗河游玩。我们来到河边的草地上，这时，我发现了草中间有很多蝗虫，忽然，有一只蝗虫不小心跌入了水中，只见它拼命挣扎起来。一开始它还是活蹦乱跳地折腾着，可过了一会儿，我仔细一瞧，它渐渐不动了——死了。只见它的头一直漂在水面上，身子没了水里。我看着眼前的一幕，心里泛起了一个大大的问号——"它的头一直没有沉入水里去，它怎么会溺水而死呢？"

于是，带着这个疑问，我赶忙跑回家，查阅了有关资料，通过资料我才知道了蝗虫的死因。蝗虫与其他昆虫不一样，它的鼻子不长在头上，而长在腹部。我看完那段文字介绍后，对这个结论产生了好奇，我决定做个实验来证实一下。

首先，我从草地里捉回来两只蝗虫，然后，又准备了一盆水。我先将其中一只蝗虫的身子浸在水中，腹部被全部浸没在水里。一开始，只见那只蝗虫还用尽全身力气拼命挣扎，不大一会儿，那只蝗虫的力量渐渐变弱了，然后头一歪，死掉了。接着，我把另一只蝗虫的头摁进水里，给它来个"倒栽葱"。那只蝗虫也不断地挣扎，五分钟过去了，可那只蝗虫没有减少挣扎的力量。又过了五分钟，我发现那只蝗虫还依旧活蹦乱跳的。

做完这个实验后，我彻底相信了书上的结论。我把这"成果"讲给妈妈听，妈妈直夸我是个爱动脑筋的好孩子。

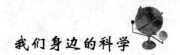

藕为什么有许多窟窿眼儿

星期天，家里来了客人，妈妈让我洗几节藕。我挑选了几节洗了起来。洗好后，妈妈拿刀把它们切成一片片的。我看到每片藕片上都有大小几乎相等的窟窿眼儿，脑子里便冒出一个问题："为什么藕里会有这么多窟窿眼儿呢？"为了解决这个问题，我特意跑了趟书店。

到了书店，我在书堆里找到了《十万个为什么》这本书，书中有这个问题的答案："众所周知，无论什么植物，假如长时间埋在稀泥里，由于吸收不到充足的氧气，最后都会烂掉。但是藕不但没有烂掉，反而长得更加粗壮鲜嫩。如果用一根细木棍穿过藕，马上就会发现藕里有许多的可以直通的粗长管道。有人猜测，这些管道也许是运输水分的导管。但是，为什么里面倒不出一滴水来呢？因为这些管道是用来替藕贮存空气的气道。只有有了足够的空气之后，藕才能像人一样正常呼吸。"

噢，我明白了这些窟窿眼儿是藕的呼吸管道。为了证实书上说的是正确的，我请教了教自然的杨老师，他说让我亲自做实验来证实。我做了个实验：先把泡泡糖嚼软，堵在藕的窟窿眼儿里，把这些气道封严实，再把藕放入稀泥中，没过一两天，藕开始变质、变味。这更加证实了书上所述是正确的。

我替自己开心，我具有了查阅资料的能力，以及亲自实践证明的能力。

原来是太阳在"使坏"

终于放暑假了，我心里特别高兴，所以我约了几个小伙伴去郊游。

这一天早晨，我把自行车的气打得足足的，带上一些零食就和小伙伴们一起出发了。在路上，我们有说有笑，一会儿就到了郊外。我把车子放在路边也让它"休息"一下。啊，大自然的风光真美！我们几个一会儿采野花，一会儿和小鸟比唱歌，还做了许多有趣的游戏……时间过得真快，转眼就快到中午了，我们也累了，便坐在树下吃我们带的午饭。

突然，从路边传来"砰"的一声巨响，真是震耳欲聋。我们都吓了一跳，朝响处一看，原来是我的自行车"放炮"了。我们赶紧跑到自行车旁，仔细地查看车胎，并没有发现钉子、针之类的利器，附近又没有人，这是怎么回事呢？只见小机灵张小冉又仔细地看了看车胎，抬起头看了看太阳，神秘地说："告诉你们谁使的坏吧。"我们几个一听说找到了使坏的人，都喊了起来："快说，快说，是谁使的坏？让他给咱们修车子！"张小冉慢悠悠地说："是太阳使的坏。我们自然课上学到过物体有热胀冷缩的性质。今天，蔡扬帆同学把气打得太足了，又放在太阳底下晒，车胎中的空气受热膨胀起来，当膨胀超过车胎所能承受的限度时，车胎就放炮了。"

"噢，原来是这样。"我在一旁暗暗后悔。如果早晨不把气打得这样足，如果不把车子放在太阳底下暴晒，就不会发生这样的事了。没办法，最后我们只好在公路上拦了一辆车把我和自行车送回去。

这次郊游虽然出了点意外，但我却从中悟出了一个道理：我们要把书本上学到的知识灵活地运用到生活中去，去观察事物，思考问题，解决问题，这样我们的生活才会更美好。

只在早晨开的花

　　提到花，也许你会和我一样，说上一大堆来，什么牡丹、月季、梅花、菊花、兰花、水仙、杜鹃、山茶、桂花，等等。却总忘记不起眼的牵牛花。我却对它情有独钟，对它进行了研究。

　　瞧，夏天的早晨，路边的牵牛花打开蓝紫色的花朵，去迎接东方的太阳，看它的样子是多么欢乐！可在 9 ~ 10 点钟或中午再去看它时，这时的牵牛花已经萎谢了。第二天我们又可以看到盛开的牵牛花，但那是另一批花朵在开放。为此，我专门作了观察：子夜 12 时的时候，牵牛花没有动静；凌晨 3 点时候已开一半；过了 10 分钟，已经开了一大半；又过了 10 分钟，牵牛花全开了。因此，我得出了一个结论：牵牛花的花苞，从每天清晨或天色微明时开始绽放，中午时就逐渐凋谢，每个苞只能开放一次。

　　但是，为什么牵牛花只在早晨开放呢？我百思不得其解，便查了有关资料。原来，一般情况下，一种植物或一种动物的生活习性，总是经过长期的自然选择而遗传下来的，但是，在更多的情况下，是由于植物本身受了光照、温度等外界影响而引起的。就拿牵牛花来说吧，在早晨，空气湿润，阳光柔和，这样的气候比较适合牵牛花，所以花开了。然而到了中午，阳光强烈，空气干燥，娇嫩的牵牛花因缺少水分而不得不萎谢了。当天黑时，它的另一批花又作好了开放的准备，迎接第二天的到来。

　　牵牛花的花朵虽然只给我们留下一个短暂的微笑，但是我们从它那得到了许多、许多……

我救活了一片树林

三年前，我家门前有一片空地。因为地势低洼，每当夏天雨季来临都会成为一片汪洋，所以什么庄稼也不能种，成了一片荒地。爸爸说："让它荒着怪可惜的，我们在地里种上杨树和柳树吧，因为它们都不怕水涝。"说干就干，在2001年春天，爸爸买来50棵杨树苗和20棵柳树苗种到了地里，我家门前成了一片树林。爸爸认真地给小树锄草、浇水、灭虫、施肥，小树长得很快，当年就长到茶杯口那么粗了。秋天霜降以后，地里落了厚厚的一层树叶，就像给大地铺上了一层厚棉被一样。爸爸说："落叶盖在地上可以保持土壤水分，提高地温，腐烂后还能肥土，好处多着呢。"

可是，第二年春天，一把野火把地上的落叶烧了个精光，好多小树靠近地面的树皮都烧焦了，爸爸心疼得几天吃不下饭。他说："树皮被烧焦后，从根部运输养料的运输线——筛管就被切断了，从根部得不到养分，整株树也就完了。如果把地上部分砍断，保留根部，倒也能重新长出一株小树，但是地上的树干就浪费了，太可惜！"

怎样才能找到两全其美之计呢？我立即上网查资料，终于了解到杨树、柳树的一些特性：喜水，不怕水涝，只要有潮湿的土壤，茎上就能生出大量的不定根。因此可把它们的枝条剪成小段，进行扦插育苗。我灵机一动有了主意：为什么不提供潮湿的土壤让茎部重新生根呢？于是我和爸爸立即动手，在一棵棵烧焦树皮的小树的周围，堆上高高的一堆土，一直埋过被烧焦的树皮，再浇上水，保持土堆的湿润。十几天后，我扒开土堆，看到被烧焦的树皮处已长出霉菌开始腐烂，而没有被烧焦的树皮上已经长出了一些短小的嫩根，并且小树的枝条上也长出了嫩绿的叶片。树干保住了，小树救活了。

我救活了门前的一片树林，爸爸高兴地说："这个办法真好，像苗木的'扦插法'，又像苗木的'高压法'，真是太棒了！"

现在，我家门前成了一片茂密的树林，70棵树都快成材了。

可恶的寄生茎

当你走进我们的校园，就会被那优雅的环境所吸引。那洁净的地面，整齐的绿化带，美丽的花草树木，都令人陶醉。

篮球场的四周整整齐齐地种着四条小叶女贞树绿化带，小叶女贞树四季常青，郁郁葱葱。可是去年夏天，大片大片的女贞树突然枯黄了，我好奇地走近一看，原来是女贞树上密密麻麻地长满了一种不知名的植物。我蹲下身仔细观察，找它的根部想连根拔掉它，可是怎么也找不到它的根部。这是怎么回事呢？我顺着女贞树的根部往上找，忽然在女贞树的中上部找到了这种植物的茎，这种茎和女贞树的枝条连在了一起。再往上看，这些茎是一节一节的，茎的颜色白里透红，每节上都有一簇粉红色或白色的小花。这种茎有时缠绕在女贞树枝条上，有时伸出长长的茎从这根枝条爬到那一根枝条上，又在那一根枝条上绕了几圈，不断地向四周蔓延，无数的茎深深地嵌入女贞树的树皮里，不断地吸收女贞树的水分和营养。哦，原来这是一种寄生在女贞树上的寄生茎。

怎样消灭这些寄生茎，保护女贞树呢？种花的师傅不知道这种寄生茎的名字，也不知道如何消灭它。我和爸爸叫来几个人，去拔这种寄生茎，寄生茎很脆，一拔就断，可是茎和女贞树枝条连在一起的地方很难拔，有的挖掉了一块女贞树皮，有的只能把枝条折断。

好不容易拔除了这些"寄生虫"，我们这才松了一口气。可过了一段时间，女贞树上又长出了一些寄生茎，原来是留在枝条上的没有拔净的寄生茎又长出来了，这样反复拔了几次，寄生茎基本上被消灭了。

没想到今年夏天寄生茎又"吃"掉了许多女贞树，这到底是一种怎样的寄生茎呢？用什么办法可以根除它呢？老师不知道，我在网上也找了很长时间都没有找到答案，这真是个难题啊。我真想让科学家教教我，怎样用自己的智慧消灭这可恶的寄生茎。

神奇的丝瓜络

我家住在一楼，楼后有一个小花园，我和妈妈在里面种上了两棵丝瓜，并精心管理：浇水、除草、施肥……到了初秋时节，茂盛的茎上长了好多丝瓜。

丝瓜的样子可爱极了，瓜嫩的时候长长的胖胖的，妈妈就用它给我做鲜美的丝瓜汤喝，还用它做馅包饺子、包馄饨，可好吃啦。我们还经常送一些给邻居老奶奶吃，因为丝瓜有利尿的功能，对老年人的健康很有好处。

最有趣的是，吃不完的丝瓜变老后，会逐渐长成歪脖子、大肚子的模样，像个孕妇。妈妈把它晒干后，剥去皮，得到一个丝瓜络。我发现丝瓜络呈网状，丝丝相连，连成一个整体。洗碗时不用加洗涤剂，只要用丝瓜络绕碗里擦一圈，然后用水一冲，碗就干净了。我被它神奇的作用迷住了，决心要探个究竟。我带着问题去问科技老师，老师让我动脑分析分析。我说："丝瓜络有吸收油脂的功能，把油脂吸走了。"老师说："丝瓜络上的油脂一定很多吧，希望你继续洗碗，仔细观察。"

按老师的吩咐，我天天洗碗，又发现洗完碗后的瓜络被水一冲，一点油迹也不留。我这就不明白了，其他的洗碗布必须用洗涤剂洗，污垢才会去掉，难道丝瓜络会吃油不成，我又把这个想法告诉了老师，老师笑笑说："那不叫吃油，叫分解油，丝瓜络中有一种物质遇到油脂，油脂就会被分解，所以就不粘手了，还省了洗涤剂。"被老师这么一点拨，我好像发现了新大陆一样那么激动，我终于成功了！

小小青苔用处大

前几天，我捅马蜂窝，脸上不小心被马蜂蜇了一下，脸立刻肿了起来，还火辣辣地疼，这怎么办呢？突然，我想起有一次在我家院子里，我发现一只马蜂无意中撞到了一个蜘蛛网，结果被粘住了，蜘蛛刚接近它，就被马蜂蜇了一下，蜘蛛的身上立刻肿了起来，可能蜘蛛太疼了，居然从网上掉了下来，恰好掉在墙角青苔地上，蜘蛛在青苔上爬来爬去。之后我发现蜘蛛身上慢慢消肿了。难道小小的青苔能消肿止痛？不管怎么样先试试吧。我到院子墙角处采集了一些青苔，又加了一些水和蜂蜜，把它们搅拌成稀泥状敷在脸上，感觉没那么疼了，10 分钟后肿也慢慢消了。

后来我查找资料发现：青苔属于苔藓植物，一般较矮小，喜欢阴暗潮湿的环境。从古代开始，人们就利用苔藓植物隔热、做装饰、疗伤等；到了现代，人们人工栽培苔藓装饰公园。又因为它吸收力强，质地松软，能抗菌，是很好的外伤

包扎材料。有些种类的苔藓还可做草药，清热消肿，可治皮肤病。青苔是苔藓植物的一种，我猜想：小小的青苔看上去不起眼，经常被人忽视，但它的作用是不可估量的，它除了能消肿，可能还有别的作用，只是还没被人类发现。

生活处处有科学，只要我们努力学习、仔细观察、积极探究，那么一定会发现青苔更多的秘密，让它发挥更大的作用。现在有的抗生素是从植物当中提取的，也许有一天也能从小小青苔中提取某种元素，攻克21 世纪医学上的疑难杂症，让人们的生活更美好。

跟蜘蛛分享它的秘密

我家门前有一个蜘蛛网，我天天去观察蜘蛛，一天正巧一阵风吹过，蜘蛛网剧烈摇晃起来，这引起了我的注意。我想，小虫粘在网上挣扎时，蜘蛛会出来，这回蜘蛛会不会出来呢？等了一会儿，蜘蛛却没有出来。同样是在摇晃，为什么小虫触网蜘蛛会出来，而风吹网动，蜘蛛却不出来呢？

围绕这个问题，我做了很多实验。我用一根小木棍轻轻地敲打蜘蛛网，每分钟敲五六十次；我用嘴轻轻地吹动蜘蛛网，使其每分钟振动二十多次；还把细沙轻轻地撒在蜘蛛网上，使它每分钟振动三四十次。在这几种情况下，蜘蛛都没有出来。我又捉了几只蚂蚁放在蜘蛛网上，这只蚂蚁的挣扎使蛛网每分钟振动一百次左右，这时蜘蛛很快从洞里爬出来了。我终于明白了：原来小虫和风使蛛网振动的频率不一样。我通过查书知道，比较小的虫使蛛网振动的频率是几百至几千赫兹；比较大的虫使蛛网振动的频率也有几十赫兹。而一、二级风的频率是 0.2 赫兹，三、四级风的频率也只有 0.4 赫兹。它们之间相差几百甚至几千倍。蜘蛛就以此为据，知道该什么时候出来捕获猎物。

探求蜘蛛的奥秘真有趣！

花儿艳了

　　我爸爸喜欢养花，家里总是养有很多盆花。去年深秋时节，我发现盆里的花儿已变得枯黄，难道室内的花儿也感知到了深秋的来临？有好几盆花已显出老气横秋的样子，它们奄奄一息，等待着严冬的生死判决。

　　一个星期天，我帮爸爸拔大蒜，大点的大蒜编成"大辫子"，剩下一些小不点，我随手把它们扔在了花盆里。几天过去了，我放了蒜的那盆花竟破天荒地吐出了新芽儿，已耷拉下去的叶儿也重新抬起来。

　　我把这个意外的发现告诉了爸爸，爸爸看后高兴地说："大蒜有杀菌的作用，它也许能把咱们的花治好哩！"我大受启发，立即开始救花行动。我把这些蒜掰开，捣成糊状，再兑上清水，浇在另外几盆已枯萎的花儿根部。又过了一些日子后，奇迹出现了，一盆一盆的花儿都焕发出生机，蔫蔫的叶子又都展开来，有的竟绽开了花骨朵儿。真是不可思议，原来大蒜能给花儿治病！啄木鸟是枯树的医生，大蒜是枯花的医生，大自然就是这么有意思。

蚯蚓与环境的观察实验报告

一天，我和哥哥回到家乡——一个僻远的山区，帮助奶奶种农作物。在翻地的时候，我们看到了很多的蚯蚓，我问："哥哥，你知道蚯蚓喜欢什么样的环境吗？"哥哥说："蚯蚓喜欢潮湿的环境。"接着，哥哥又反问我："蚯蚓是喜欢温暖的环境还是喜欢阴凉的环境？"我说："蚯蚓当然是喜欢阴凉的环境，因为蚯蚓生活在地下，地里比较阴凉。"哥哥听了笑而不答。蚯蚓真的喜欢阴凉的环境吗？

为了寻找到这个问题的正确答案，我决定运用自然老师所教给的方法，做一个对比实验。于是我在家乡带上了一些东西回来——一是 10 条大小不同的蚯蚓；二是一包潮湿的土壤；三是一个有盖的纸盒。

对比实验是这样设计的：

①在有盖的纸盒子里面两边，分别平铺着同样多的土壤，土厚约 10 厘米。一边放用冰水搅拌过的土壤，而另一边放经阳光晒过的潮湿的土壤。

②把 10 条大小不同的蚯蚓放在盒内两种土壤的中间，再盖上盒盖。

这样，盒子里的空气、光亮、湿度都一样，唯一不同条件的是温度不一样，一边比较冰凉，一边比较温暖。

过了一个半小时，我打开盒盖一看，噢，所有的蚯蚓都不见了。于是我分别清理两边的土壤，结果 10 条蚯蚓全部都藏在经阳光晒过的土壤里。

实验结果表明：蚯蚓并不喜欢阴凉的环境，而是喜欢温暖的环境。

探究蜡烛燃烧产生的"烟"

"啪",又停电了！

"能源短缺啊！"我一边在心里嘀咕着一边找出蜡烛点上，继续做着家庭作业。当我做完作业整理书包时，发现蜡烛把附近的白墙壁熏出一大块黑印。"咦，这黑烟哪来的，难道是蜡烛燃烧后产生的？"我对此产生了一个大大的疑问。正巧爸爸回家了，我打算从爸爸那里找到答案。"蜡烛燃烧本来就会产生黑烟的啊。"爸爸这样告诉我。"可这白色的蜡烛燃烧怎么会产生黑烟呢？"我又问。"你不是《科学》课代表吗？你怎么不知道啊？"得，自己不知道倒将我一军了，还是向郑老师请教吧。

当我把这个疑问告诉郑老师时，郑老师说："蜡烛燃烧的确会有黑色物质产生，但怎么知道它是烟还是其他物质呢？"我说可以通过实验试试看。为了更好地帮助我解决问题，郑老师还找来了学校科技小组的其他同学一起做这个实验，并且把我们带到学校的实验室，还说需要什么材料他会帮我们解决的。

我拿出火柴把蜡烛点燃，大家围着蜡烛睁大眼睛仔细地观察着，刚开始，蜡烛的火焰上方并没有看到什么，等过了一会儿，慢慢地就看到有一缕缕的黑"烟"冒出来了，几个同学就嚷着"烟，烟，你看烟冒出来了"，为了能收集到黑"烟"，另一位同学还找来一块玻璃片，拿着它放在蜡烛火焰的上方，一下子就被熏上很多黑色的物质。

"拿放大镜看看它是什么物质。"有同学迫不及待地说。郑老师很快就把放大镜给拿来了。我们通过放大镜仔细地观察着，发现它松松的像一层黑色的棉花粘在玻璃片上，这是什么物质呢？我又用手指在上面刮了一下，滑滑的，湿湿的，"还有蜡烛油啊！"我大声地说道。大家围绕着刚才所看到的现象讨论开了，但最后还是无法确定它到底是什么物质。这时郑老师启发我们，除了做实验还有哪些方法呢？我们马上想到了查资料，上网查询。郑老师又

带我们来到学校的信息中心，我马上打开电脑，熟练地进入主页，然后输入关键词"蜡烛燃烧"……

我们看了很多相关的文章，大家最后得出这样的结论：原来蜡烛燃烧时，主要是依靠灯芯吸附可燃性的蜡油，在氧气的帮助下燃烧，当温度达到很高时，蜡就会熔化变成液体，之后液体的蜡油受热后就会气化，蜡烛就会边燃烧边放出气体，达到燃烧照明的作用，而有一部分没有完全燃烧的微小粒子就会形成"烟"飘浮在空气中，遇冷后就粘在附近的物体表面上了。那么我们平时所说的黑"烟"，就是没被完全燃烧的蜡烛油。

对"怪物"的观察报告

去年五月份的一天，张婷同学从家里带来了四只奇怪的小动物，说是她爸爸在一座寺院附近的水沟里无意间捉到的。

这四只小动物是装在水瓶里的，它们的外形、大小都和小壁虎很相似，背部皮肤呈黑色，比较粗糙，腹部有黑橙相间的斑纹，尾巴又扁又长。它的眼睛长在头顶上，眼睑凸出来也可以缩回去。眼睛下有两个小孔，那是它的鼻子。它的嘴巴张开来的时候很大，能看到里面的细小牙齿。四条腿上各有五个脚趾，每个脚趾的脚底心上还有一个白色的小点。另外，我们还发现它的两个前脚和身体连接处各有一个橙色的小点。

这究竟是一种什么"怪物"呢？问了许多人，他们也只是好奇，没有人认识这些小动物。我们三位同学一起找到了教自然的汪老师。汪老师带领我们上网查找，才得知它们是一种比较稀有的两栖动物，学名叫东方蝾螈，但关于它们具体生活习性的介绍却很少。在汪老师的鼓励下，我们决定尝试观察它们。

我们把它们的新"家"安排在自然仪器室的小水缸里。水缸只放一半水，中间摆放几块露出水面的大石块。我们隔一天给它们换一次水，在每天的晨读前、中午、下午放学后连续观察三次，并做好记录。

它们到底吃什么？这是我们一开始就非常关心的问题。我们根据它们是在水沟边被发现的情况，在水缸里分别放入 10 条小鱼苗、10 只死蚊子、10 粒米饭、10 只不知名的小虫子，并连续观察了 5 天。

具体情况整理如下：

	5月26日	5月27日	5月28日	5月29日	5月30日
小鱼	3 条被咬	1 条被咬	2 条被咬	2 条被咬	1 条被咬
蚊子	消失	消失	消失	消失	消失
米饭	缺少 2 粒	缺少 4 粒	缺少 4 料		
小虫子	缺少 1 只	缺少 3 只	缺少 2 只	缺少 4 只	

经过几天的观察，我们发现它们主要吃蚊子和小虫子。它们对活着的小鱼很感兴趣，几条小鱼都是尾部被咬残缺后死亡的，但又从来没有整条消失过，这说明小鱼并不是它们的主要食物。至于米饭，从一开始到结束都没能引起它们的兴趣。

在几天的观察中，我们发现这些小家伙在水里能呆很长时间。它们沉在水底的时候难得动一下，可呼吸时动作却非常快。一开始，它们只是静静地趴在水底，尾部微微有些晃动，突然，尾巴剧烈摆动，身子笔直向上，头稍稍露出水面吐出几个小泡泡后又迅速进入水中，这一连串的动作只是刹那间的功夫。

那么，它们隔多长时间才会浮上水面呼吸一次呢？6月2日中午，我们选取其中两只进行了耐心观察，得到了一些具体数据：

	第一次呼吸	第二次呼吸	第三次呼吸	第四次呼吸
第一只	1：22～1：35（13分钟）	1：35～1：49（14分钟）	1：49～2：03（14分钟）	2：03～2：18（15分钟）
第二只	1：20～1：34（14分钟）	1：34～1：50（16分钟）	1：50～2：02（12分钟）	2：02～2：17（15分钟）

这些数据表明，它们的呼吸也是有一定规律的，呼吸间隔时间大约是14分钟左右。它们有时候也能在没有水的石块上呆上很长时间，后来我们了解到这种两栖动物不仅能用肺呼吸，还能通过皮肤呼吸。它们的皮肤薄且湿润，上面覆盖一薄层叫黏液的物质。皮表下还有许多血管。氧气在黏液外衣中溶解，并从这里进入皮下血管。

6月4日早晨，我们发现少了一条东方蝾螈，经过很长一段时间寻找，终于在仪器室墙角边的缝隙里找到了它。我们惊奇地发现，它从洞里爬出来的时候速度非常快，这真出乎我们的意料。

它们在陆地上究竟能爬多快呢？我们在仪器室门口的水泥地上做了一次有趣的观察实验。刚开始，我们的观察失败了，原因是它们在爬行时的路线总是弯弯曲曲的。为了能准确测量出它们的爬行速度，我们找来细绳、粉笔、卷尺、闹钟等工具。在仪器室的水泥地上，一位同学用木棍赶它们快速前进，

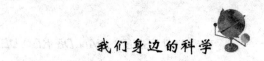

另一位同学用粉笔沿着它们爬行的轨迹画下记号，在规定的 30 秒时间结束后，再用细绳覆盖在粉笔印迹上，最后拉直读数计算出它们的爬行速度。我们选取其中的三条差不多大小的东方蝾螈做了实验，每一条反复做三次，最后得出它们在规定时间内爬行的平均长度和平均速度。具体数据如下：

	时间	平均长度	平均每秒爬行距离
第一条	30 秒	198cm	6.6cm
第二条	30 秒	195cm	6.5cm
第三条	30 秒	210cm	7cm

测量的结果令我们每一个人都感到吃惊。一条六七厘米长、在水里死气沉沉的东方蝾螈，在陆地上的爬行速度竟然能达到每秒 7 厘米。

6 月 12 日，水缸中的东方蝾螈已陆续跑掉了 3 只，只剩下最弱小的 1 只。我们的研究很难再开展下去了。下午，我们依依不舍地将最后一只东方蝾螈放归大自然。

热胀冷缩知识帮我家解决了大问题

一天，我家自来水的水龙头坏了，止不住地往外滴水，使劲拧也拧不紧。爸爸说是拧的螺杆或螺母有点脱扣了。

第二天，爸爸借来了扳手、管钳子，想把水龙头拧下来换个新的，但是费了很大的劲也没能拧下来。第三天，正是星期天，爸爸找来了水暖工，这个叔叔用扳手、管钳子拧了一会儿，也没能拧下来。最后说是这个龙头用的时间太长锈死了。爸爸问还有别的办法吗？他说拧是拧不下来了，用别的办法，但又怕把水龙头或短接头弄坏，要是那样就更麻烦了。

怎么办呢？也不能天天让水白白流掉哇！

正当我们家人都在琢磨这事时，我突然想起自然课上学到的物体热胀冷缩的知识，我就想，能不能用加热的方法使水管短接头一端受热膨胀，另一端水龙头用冷水降温让它收缩，这样一个胀一个缩是不是就能拧下来呢？我把这个想法跟爸爸说了，爸爸说这个办法可以试一试。我又跟自然老师说了

此事，自然老师鼓励了我，并借给我酒精喷灯和教给我使用的方法。

在晚上停止用水时，爸爸用喷着火的喷灯开始对水管加热，约莫过了三分钟，另一端用冷水对水龙头降温，紧接着用扳手拧水龙头。使劲，再使点劲！嘿，水龙头终于松动了，爸爸终于把水龙头拧下来了，我们全家甭提多高兴了！爸妈夸奖了我，说我没白学习科学，学了还能联系实际，解决了生活中的大问题。

油烟虽轻危害大

一天，爸爸在厨房里做饭，我一时好奇，就到厨房里看爸爸给我做了什么好吃的。可一进厨房，爸爸就说："出去等着，你看厨房里到处都是油烟，它对人体可是有害的。"听了爸爸的话，我想油烟到底对人体有什么危害呢？我琢磨了半天也没弄明白是怎么回事儿。下午第三节正好上科技活动课，我便向王老师提出了这个问题，结果环保小组的成员们对这件事都很感兴趣，大家商量后一致决定：我们每个小组的成员都回家用泥鳅来做实验，同时委派吴子腾、王一飞、崔家琪等几位同学上网查阅有关油烟危害人体的资料。

为了便于比较实验结果，我们决定由王老师统一购买大小差不多的泥鳅，然后每人发 6 条以供我们做实验。实验方法是：把 6 条泥鳅分别养在两个鱼缸里，一个鱼缸放在阳台上，另一个摆在厨房里，距厨具 1 米的操作台上。

实验结束后，我们对实验结果进行了汇总，这是我们的记录结果：

第一天，分居两处的泥鳅生活得都挺愉快，只是放在厨房里的鱼缸水面上漂着一点油迹。第二天，阳台上的泥鳅悠闲地游动着，每分钟呼吸 42 次；厨房里的却较少游动，每分钟呼吸 35 次，水面油迹增多。

第四天，厨房里的泥鳅活动呆滞，呼吸更慢，拒绝进食，鱼缸壁上都沾上了油腻；阳台上的泥鳅依然游得很欢快。

第八天，厨房里的泥鳅死了，阳台上那几条继续享受美好的生活。泥鳅因为生活在厨房里，命运就变得很悲惨。为了验证实验的可信度，我们又做了一个新的实验，不过这次把泥鳅换成了两盆水仙花，一盆放在卧室的窗台上，一盆放在厨房里。结果厨房里的水仙花叶面在第三天就有了油腻，以后叶子发黄，花枝枯萎，到第十天就奄奄一息了，而卧室窗台上的水仙花越长越神气，花繁叶茂，芳香四溢。

为什么放在厨房里的泥鳅第八天就死了？水仙花第十天就奄奄一息了呢？我们通过分析和上网查阅资料认为：厨房中排放的油烟气体中含有一氧化碳、

二氧化碳、氮氧化物等许多有害物质，而泥鳅和水仙花在厨房内长时间呼吸这种对动植物有害的气体，再加上得不到阳光的照射，因此很快走上了死亡之路。同样，厨房里的油烟气对我们人体危害也很大，特别是油烟中的苯并芘具有强烈的致癌性，如果人体过量吸入这种空气，非常容易患上肺炎、气管炎等疾病，还可能致癌。长时间接触油烟，还会造成眼睛发干发涩、疼痛、慢性结膜炎等疾病。也有人长期接触油烟后，会造成精神不振、食欲减退、疲劳、心烦、嗜睡、疲乏无力等症状，还有的人会越长越胖呢！

油烟既然对人体有这么大的危害，我们就要想办法减小危害，怎么办好呢？我们讨论后一致认为：（1）平时多开窗，让厨房内空气与外面的空气交换；（2）在烧菜做饭时要让厨房的空气流通，勤开抽油烟机，同时少做那种油炸食品；（3）安装油烟净化器，以清除厨房内的烟尘、有害气体等。

月亮为什么有时是红色的

2004 年 5 月 5 日凌晨，在我国发生了罕见的天文奇观——月全食。月亮从 2 时 48 分的初亏到复明历时 3 个多小时。作为一个小天文爱好者，我目睹了月全食发生的整个过程。在观察的过程中，我发现了两个有趣的现象：一是全食过程中月亮为什么是红棕色的？二是为什么月亮复明时的位置和初亏时的位置不完全相同？初亏时先亏的是左上角，而复明是从月球左边开始的。

带着这两个问题，第二天一上学我就忙着去请教我们自然课的李老师。李老师听了我的问题后笑而不答，却把这个问题放在了自然课外活动上讨论，并给了我们解决问题的思路：（1）先查资料，看看资料上怎么说；（2）想办法，做个模拟实验，材料不够时再找老师帮忙；（3）集体研究讨论，最后确定解决问题的答案，并以此活动写一份自然日记。

按照李老师的布置，我们班的学生分成了几个小组，并且商定：5 月上旬查找资料；5 月中旬设计模拟实验；5 月下旬交流结果，进行讨论总结。

我们查阅了大量的资料，并通过资料知道了月全食时月亮是红色的原因。原来，太阳光经过大气层时折射到月球，这些光线再被月球反射，使得月球不会完全隐形。由于光线经过大气层时，蓝光被散射的比率较高，因而有较多的红光到月球，这些红光再被月球表面反射，就使月球呈现出美丽的红棕色了。月球在围绕地球公转过程中，地球一直绕轴自转，随着时间的推移，我们观察月球的角度发生了较大的变化。因此，复明时的位置就和初亏时的位置不一样。

这些说法到底对不对呢？在老师的帮助下，我们设计了如下实验：1. 用三棱镜做阳光的散射实验，来证明蓝光是不是比红光的偏折率大；2. 用一个凸度很大的凸透镜，中间贴一块圆形的纸片代表地球和它周围的大气层，用一个白色的乒乓球代表月球。

首先，我们用镜子反射一束阳光，使它透过三棱镜，阳光被分散成了红、

橙、黄、绿、蓝、靛、紫七种色光，通过观察，我们发现蓝色确实比红光偏折度要高得多。

在第二个实验中，为了增加实验效果，我们把乒乓球当月球，粘在一张白纸上，把贴了纸的凸透镜放在乒乓球前面代表地球，然后拿来一面小镜子，把太阳光反射到凸透镜上，让反射光透过凸透镜映射到"月球"上。调整"地球"到适当的位置，"月球"便显示了美丽的红棕色。

至于月球复明的位置和初亏时的位置不同，我们连续观察了三天，便得出了结论：由于太阳在天空中的路径黄道面和月亮在天空中的路径白道面不同，有一个小小的交角5°9′，而地轴又是倾斜的，所以在几个小时的观察过程中，随着地球的不停自转，我们观察月球的角度就发生了较大的变化。这个变化你每天都能观察到，不信你也试一试。

一树桃花三样色

在我们学校一个不起眼的角落里，有一棵桃树。每到春天，这棵桃树就开出五颜六色的花朵，可美了。一天，科技小组开展活动，老师说："今天我们去研究我们校园那棵奇特的桃树。"我们来到了这棵桃树下，发现这棵桃树开的花有红色的、白色的和粉红色的，一棵树上开三种颜色的花，真是奇特！更奇怪的是同一枝花前面一朵是白色的，紧挨着后一朵却是红色的；有的红花上有两三瓣是白色的；有的白花上有几瓣红色的花瓣；还有的一片白花瓣上有几丝红色；也有的粉红色花瓣上有几丝白色。这是怎么回事呢？

同学们纷纷猜测：有的说，肯定是土壤的原因；有的认为是营养不均匀造成的；基因变异的结果；是嫁接繁殖的新品种……黎老师笑了笑，问："怎么样才能弄清真正原因呢？"同学们纷纷回答："到图书馆、上网查找资料。"老师另外提醒大家，可以利用周末到"花鸟市场"去向那些卖花卉的园艺师请教。

我们查阅了许多的资料，知道桃属蔷薇科桃李属植物，是我国最古老的果树之一。在我国除极寒冷的黑龙江外，其他各省均适宜种植，远在古代，桃就经"丝绸之路"传遍世界，现已成为一种世界性植物。如今世界上已知桃的种类有3000多种，我们学校这棵是什么桃树呢？在《十万个为什么——植物》中有一种叫碧桃的树吸引了我们。碧桃有个特点，就是只开花，不结果。普通的桃树开的花，每朵花上只有5片花瓣，而碧桃开的花，每朵上有七八片花瓣，有的甚至多达20多片，这种花瓣较多的叫做"重瓣花"，花里只有雄蕊，没有雌蕊。

我们学校的这棵桃树是不是碧桃呢？为了弄清这个问题，我们决定摘几朵桃花进行解剖，结果证明这棵奇怪的桃树并不是碧桃。我们又利用周末到"花鸟市场"去向卖花卉的园艺师请教、到学校的电脑室上网查找、到学校的图书馆翻阅资料，但一直没有找到我们满意的答案。我们又到学校的桃树下

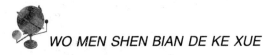

去观察，发现这棵桃树结出了拇指大小的小桃，这再次证明了这棵桃树的确不是碧桃，它到底是什么呢？

黔南州科协邀请贵州师范大学杨龙教授来我们都匀，开展以"保护人类生存家园"为主题的知识讲座，我们科技小组的全体同学到都匀二中参加这次活动。我们就三色桃花的问题请教杨龙教授，杨龙教授为我们作了详细的解释。

原来这棵桃树是利用嫁接的方法繁殖出来的新品种。嫁接就是将植物的部分器官如枝、芽等接在另一植物的干或根上，使它们相互愈合在一起，成为新的植物。嫁接得到的新的植物可以提早开花结果，可以提高苗木的抗病、抗虫、抗旱、抗冻、抗盐碱的能力。当一棵桃树用三种不同的桃树嫁接后，这株桃树会开出三种颜色的花，用这棵桃树的种子去培育成新的桃树，新的桃树就具有三种桃树的基因，也就是我们现在所看到的这种桃树，这就是"一树桃花三样色"的原因。

啊，真想不到在植物身上竟有这么多的奥妙！我们明白了：在我们的身边处处有科学，只要注意观察身边的每一件事，多问为什么，就能有更多的发现。

有趣的发现

前几天，我和爷爷去麦田转悠，发现渠道涵洞的水洼里有几条泥鳅和几条鲫鱼，就捉住它们带回家，养在鱼缸里。傍晚，我把我吃剩的肉丝撕了点给它们吃。

"哎呀，鲫鱼怎么都死了？"第二天，我来看它们，发现鲫鱼都死了，只有泥鳅趴在缸底。爸爸听到了我的喊声，连忙走来在缸边转了一圈，发现鱼缸上层有一些油膜，便对我说："鲫鱼是吃了有油的东西才死的，而泥鳅没有吃，所以就没死。"

听了爸爸的话，我很疑惑。心想，鲫鱼到底能不能吃有油的东西呢？俗话说"大鱼吃小鱼"嘛，小鱼肚里也有油呀！为了弄明白这是怎么回事，我决定做一次小实验。

我让爷爷从街上买回三条十几厘米长的鲫鱼，把它们和泥鳅放在一个鱼缸里，鲫鱼很活泼。第二天，我拿了一小块肉，把它切成碎碎的，放在鱼缸里。开始，那鱼不敢碰那些碎肉，而是瞪大眼睛，怯生生地望着我。后来它们不再害怕了，小心翼翼地靠近碎肉，轻轻地吃起来。也许是因为饿了，小鱼争先恐后地抢着吃。而泥鳅却和昨天一样，在鱼缸的下面一动不动。我便又放了一点碎肉让它们沉入缸底，可泥鳅还是不吃。看着小鱼吃着，我很高兴，以为小鱼吃了有油的东西不会死了。可到了第三天，我吃惊地发现小鱼"壮烈牺牲"了。我伤心得差点流下眼泪。突然间，我发现水上面有一层油膜，把水封死了。

噢，我明白了：鱼儿是因为油膜隔绝空气，吸不到氧气而死的，而泥鳅喜欢在水底，甚至钻到泥土底下，所以不容易死。并不是爸爸说的那样，是因为吃了有油的东西才死的。

煮熟的龙虾为什么会变红

今天是我的生日，妈妈带我去吃我最想吃的龙虾。哇，好大好香的龙虾！我抓了最大的一个，剥了就吃。妈妈说吃归吃，吃完了我要考你一个问题。我随口说你问吧，妈妈说："煮熟的龙虾是什么颜色？"我得意地回答："这么简单的问题，三岁小孩都回答得出来，当然是红色的啦！"妈妈又问："龙虾为什么会变红？""这个嘛，大概是酱油放得太多了吧。"我漫不经心地说。

这时妈妈严肃地说："磊磊，回答问题不能想当然，要有科学依据。"我被妈妈一说，脸也像龙虾一样红了，"妈妈，我错了，这个问题等我查了资料再回答好吗？"

回家后，我找了好多资料才弄明白，煮熟的龙虾变红不是酱油放得太多的原因，而是因为：龙虾的真皮层中有许多色素细胞，这些色素细胞可以感受各种不同的颜色，并能根据光线的强弱或环境的改变而伸缩。当色素细胞伸张的时候，就可以接受较多的光线，颜色也就比较鲜明；当色素细胞收缩的时候，颜色就比较不明显。龙虾在一般情况下，多呈墨绿色或青色，一旦碰到热，原来的色素在高温下遭到破坏而分解，只留下红色。所以红色细胞较多的地方，如背部，就显得红红的；而红色细胞较少的地方，如腹部，就显得白白的。

这次"龙虾事件"，让我明白凡事都要讲科学，不能想当然。

我发现了桧柏的花

　　在我们学校厕所的两旁，有两棵桧柏。今天我去厕所的时候，发现其中的一棵与往年相比有些不一样——上面长了许多黄色的小东西。起初我没太在意，但当我不小心碰了它一下时，我发现从树上掉下来很多黄色的粉末，粉末是从树的哪个部分掉下来的呢？为了弄清这个问题，我故意用手指弹了弹桧柏的叶片，意外地发现，叶子顶端黄色的小东西是黄色粉末的发源地。再仔细一看，我惊奇地发现，从远处看到的黄色的小东西是由许多黄色的小瓣一层层组成的。我不禁用手轻轻辗开一片，原来黄色的粉末竟藏在里面。

　　"我该怎么称呼它们呢？"经过很长时间的冥思苦想，我终于自己找到了答案：黄色的小东西是桧柏的花，黄色的粉末是桧柏的花粉。我是这样想的：在自然课上我已经认识到植物的身体分为根、茎、叶、花、果实、种子六个部分。桧柏的根、茎、叶我能一一找到，剩下的三部分我从来没有看见过，黄色的小东西不可能是种子、果实，它只能是花，如果是花，里面黄色的粉末无疑是花粉了。当我把自己的推理说给自然老师听时，老师肯定了我的答案，同时我还从老师那了解到，任何植物都开花。可我怎么没看见过学校的小槐杨、柳树开过花呀！我决定从现在起对它们进行认真、持久的观察。

蛞蝓可预报天气

去年暑假，我到乡下去探亲，有一天傍晚，天气很闷热，我去厨房倒开水，忽然发现墙壁下面，有几只蛞蝓正在墙上爬来爬去，留下一道道透明丝迹。"蛞蝓为什么向墙上爬？它们是从哪里来的？……"这些大问号不断地浮现在我的脑海里。

为了解开这个谜，我问姥姥，姥姥笑嘻嘻地对我说："一般在下雨前很闷热，蛞蝓从地底下爬上来，这说明天气要变了，要下雨了。""为什么？您怎么会知道呢？"我半信半疑。过了一会儿，果真如姥姥所说，"哗啦啦——"瓢泼大雨下个不停。这是巧合吗？

蛞蝓爬墙是否真的与下雨有关？我一直在寻找正确答案。几天后，我到舅舅家去玩。那天傍晚，天气十分闷热。由于舅舅家的楼房位于一片低洼地，他家一楼准有潮湿、阴暗的地方。不出所料，我高兴地喊了起来："好啦，好啦！"天黑后，过了大概两个小时，当我走进厨房，急促地打开灯，欣喜地发现数只蛞蝓在水池墙面向上爬去，身后留下一根根白色"银丝"。数小时后，屋外刮起了大风，树干"呜呜"地响。先是下着小雨，接着下起"噼里啪啦"的瓢泼大雨，打在窗户上。我想：这下判定爬墙的蛞蝓真是个天气预报员。

蛞蝓是何物？我查阅了关于蛞蝓知识的科普书籍，得到一些初步的认识：蛞蝓又叫"鼻涕虫"，是软体动物，具备爬墙外出活动能力。其貌不扬，每只蛞蝓都有两个触角，大的触角为"眼睛"，有视觉作用，小的触角为"鼻子"，有嗅觉功能，其身上的小点粒是脚，而身上黏糊糊的是分泌物，有助于爬行。蛞蝓怕光，喜欢阴暗、潮湿的环境。

好奇心强烈地驱使着我，我想探究蛞蝓爬墙预报有雨的现象，在春季是否也是如此。今年2月下旬的一天，天下着毛毛雨，我来到舅舅家。心想，若春季下雨与蛞蝓爬墙有关，那真是科学的小发现。此时此刻，我等待奇迹出现，但害怕自己的希望破灭。天渐渐暗下来，我急匆匆地来到卫生间，连忙把灯拉亮，只见墙壁上有好几只蛞蝓，正由墙根向墙上爬去。我高兴地笑了起来："哈哈！"我怕是偶然现象，一连几个下雨天晚上作了反复的观察，次次都是如此。我还从观察过程中，发现了一个有趣的现象：天下雨时间越长，蛞蝓爬墙爬得越高，小蛞蝓也在逐渐增多。由此得出结论：蛞蝓有特殊功能，那就是它能预报天气，预报雨天。

巧辨生熟鸡蛋

科学老师拿了一篮鸡蛋神秘地说:"食堂的师傅不小心把生鸡蛋和熟鸡蛋混在一起,谁来帮他分清楚哪些是生蛋哪些是熟蛋?"

一向以"智多星"自居的我不假思索地说:"小菜一碟,把它们一个一个打破了,是熟是生自见分晓。"

马上有人反驳:"难道你打算把这一篮鸡蛋全打破吗?还智多星呢,我看充其量是个糊涂星!"顿时,教室里哄堂大笑,笑得我无地自容。

"老师,你能教我们识别的方法吗?"我急切地问道。

老师得意地说:"很简单,只要将鸡蛋拿到桌面上一个一个地旋转,然后用手指压住使它停止,立刻又放手,继续旋转的就是生鸡蛋,而不继续旋转的就是熟鸡蛋。"

"真的吗?老师不会耍我们吧。"同学们半信半疑地说。"不信老师给你们演示看看。"我们一看,真的像老师所说,太好玩了,这是为什么呢?大家都想问个究竟。老师解释说:"是因为鸡蛋煮熟以后,蛋白和蛋黄都凝结在一起成为一个固体,旋转时就能跟着转轴一起转。一旦压住它使蛋壳停止转动,蛋壳里的蛋白和蛋黄也一起停止转动;而生鸡蛋里面,蛋白和蛋黄都是液体,当蛋壳停止旋转时,液体的蛋白和蛋黄由于惯性的作用,不会立刻停止转动,所以一放手,蛋白的转动又把蛋壳带着旋转起来。"

今天我又学会了一招,我越来越喜欢科学课了。

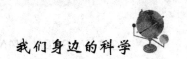

电池出"汗"的原因

前天，我发现自己心爱的电动赛车不转了，我想可能是电池没有电了吧。于是我把电池盒打开想更换两节电池。当我把电池拿出来以后，就感觉到我的手湿漉漉的，再看看那两节电池，表面上竟然有许多细小的水珠，我又看了一眼电池盒，里面也潮了，还有几滴大的水滴，这里的水是从哪儿来的呢？电池上的小水珠又是从哪儿来的呢？

第二天我把我的发现和问题告诉了自然老师，自然老师鼓励我说："真正的科学家不仅能够发现问题，而且能够解决问题。"我想我应该像科学家们一样自己解决问题。课后，我查阅了很多的书籍，还到因特网上去寻找答案，我终于明白，原来干电池在供电过程中，其内部会发生化学反应，由此才产生电。

干电池的内部发生了什么化学反应呢？老师告诉我，在供电时，电池里的三种药品：二氧化锰、氯化铵和锌发生化学反应，反应后产生了由氯化铵、三氧化二锰和水组成的水溶液。水会在电池的使用过程中自然蒸发，并且温度越高蒸发量越大。怪不得电池用了之后会出"汗"呢。

原来自然界有这么多有趣的现象，我将来一定要成为一名科学家，去研究更多的自然现象。

淡水和盐水哪个先结冰

星期天，妈妈对我说："今天，杀只公鸡给你吃，补充补充营养。"我听了高兴地跳了起来。妈妈叫我拿一只碗，里面放点盐。我不知道干什么用，也就照做了。我拿着碗来到妈妈的身边，妈妈叫我把碗拿着，只见她把鸡血滴到我的碗里。不一会儿，鸡血结成了块。我很纳闷，问妈妈："为什么要在鸡血里加盐？"妈妈告诉我说："这样能加快鸡血凝结。"

我从中受到了很大的启发，心想：在水里加点盐也就能加快结冰的速度了！

我决定做个实验试试。我拿来 3 个一次性塑料杯，装满水，第一杯不放盐，第二杯放进一匙盐，搅拌让盐溶化，第三杯放进两匙盐，也是搅拌让它溶化。我分别在杯子上标上 1、2、3，再把三杯水都放进冰箱的冷冻室内。

过了 15 分钟，我打开冰箱，发现都没有结冰，用手指伸进去感觉了一下，都冷冰冰的，温度差不多。

过了 30 分钟，我打开冰箱，发现第一杯有许多小碎冰，但没有连成一片；第二杯《有三四片小碎冰；第三杯有一点小碎冰。

过了 45 分钟，第一杯水结了一层比较厚的冰；第二杯有比较薄的冰；第三杯有一点点的小碎冰，刚刚结在一起。

过了 60 分钟，第一杯的水整个都冻结了起来；第二杯，我用手指一碰，冰没有破，但杯中间还有些水，没有完全结成冰；第三杯我用手指一碰，薄薄的冰层就破了。

原来，我的猜想是错误的。通过实验，我才知道，是淡水先结冰，而且结冰的快慢和含盐量有关，含盐量越高，结冰越慢。

香樟树叶为什么变红了

深秋，校园的景色十分迷人。我们发现学校里的香樟树树叶有的变红了。香樟树叶为什么变红了？我们对此进行了观察研究。

整个校园里共有34棵香樟树，其中有2棵没有一片红叶，9棵有少许红叶，23棵红叶较多。

经仔细观察，红叶都长在小树枝的基部，叶片都比较大，看样子是老树叶。这些长有红叶的香樟树都长得不茂盛，而2棵没有红叶的香樟树长得较茂盛。为什么会出现这些异常现象呢？

我们对此作了进一步的观察。我们发现有红叶的香樟树赖以生存的土壤有严重的板结现象。用锄头翻开泥土，摸一摸泥土硬得不得了，泥土的颜色也较淡；而没有红叶的香樟树下的泥土比较松，泥土的颜色也较深。后经了解，原来有红叶的香樟树下的土壤大都是建筑垃圾，下面是70~80cm的矿渣层。没有长红叶的香樟树下面原来是一个土墩。我们还对校外的香樟树也进行了观察。凡是枝繁叶茂的香樟树都没长红叶，只有种在公路边上的几株瘦小的香樟树长有红叶。经过分析，我们作出判断：长有红叶的香樟树营养不足，土壤肥力不够。

我们还在图书室查到有关资料，知道了树叶大都呈绿色是因为叶子中有叶绿素。但叶子中除了叶绿素外，还有呈黄色或橙色的类胡萝卜素与红色的花青素。叶绿素与花青素个性不一，是冤家，在一起时叶绿素被破坏，而花青素与类胡萝卜素却相安无事。夏天，叶绿素被破坏后，又长出新的叶绿素，叶子始终是绿的；入秋后，叶绿素的新陈代谢慢了，花青素与类胡萝卜素的颜色就呈现出来，叶子变成红色或泛黄。

综合以上情况，我们得出以下结论：香樟树的树叶变红原因，一是树的营养不足；二是跟季节有关系。秋天，部分老树叶营养不足，新陈代谢变慢，自然要变红了。

金鱼吃了苍蝇为什么不会死

　　我家养了3条小金鱼，十分可爱，可它们的食物却让我犯难了，因为它们的胃口实在是太好了。一天，我正在打苍蝇，不小心把一只苍蝇打进了鱼缸里，浮在水面上。一条金鱼看见了，游过来一口吞掉了苍蝇，我见了，十分担心，害怕金鱼吃了苍蝇会死掉。可过了两天，金鱼不但没死，而且还长得很健壮。我十分纳闷：为什么金鱼吃了肮脏的苍蝇，反而长得很健壮？

　　于是，我开始进行调查，我先拿来一碗饭和一小块蛋糕，把抓来的苍蝇和食物放在一起，看苍蝇到底飞到哪一种食物上，没想到苍蝇既飞到饭上面又飞到蛋糕上，并用它那细小的嘴在蛋糕和饭上吮吸，像在吃饭似的。最后，我得出结论：

　　因为苍蝇身体内有十分丰富的维生素及蛋白质，金鱼吃了苍蝇后补充了营养，因而长得健壮了。

　　为了论证我的结论，于是，我又开始进行实验，我到田里抓了一只青蛙，每天都喂它苍蝇，果然不出我所料，过了几天，青蛙长得又大又肥。以上实验得出了苍蝇身体内有大量的维生素和蛋白质。我原以为苍蝇身体里面和外面都是病毒，我现在才知道苍蝇的身体里有一定的营养。

班长家的玉米为啥结得这么少

玉米棒，香甜可口，人人爱吃。同学们围在一起吃玉米的时候，班长程明星同学提出了一个奇怪的问题："去年我家为了节约用地，在菜园的四周种了一排玉米，玉米秆长得棒极了，成熟时，玉米棒里的玉米却只有稀稀拉拉的几粒，这是为什么呢?"为了弄清班长家的玉米长得好却结玉米少的原因，我们决定在月桂园里自己种植玉米，来探究其中的奥秘。

4月7日，我们在月桂园里选了两块地，一块在月桂园西侧，种了多行玉米；另一块在月桂园的东侧，模仿班长家种了一行玉米，两块地相距几十米，开展了单行与多行对比种植玉米实验。种植方法如下表：

种植方法	地点	行数	行距	株距	每行棵数	总棵数
单行	东侧	1行		30cm	10棵	10棵
多行	西侧	10行	40cm	30cm	10棵	100棵

4月16日，玉米长出嫩芽2cm。每天放学后，老师总会带领我们去给玉米锄草、浇水、施肥，去观察玉米的长势，玉米一天天地长高了，我们每天把单行和多行玉米长出了几片叶子，每片叶子长多少，宽多少，玉米长了多高等情况作了详细的记录。

通过记录，我们发现：单行玉米和多行玉米生长的情况基本一样，单行玉米比多行玉米要稍稍长得好一点，我们查资料，问老师，分析得出这是由于单行玉米比多行玉米更容易接受阳光，进行光合作用，更容易吸收土壤里的水分和养分。

6月15日，玉米已长到115cm，有些玉米的顶部长出了玉米花穗，过了几天，有些玉米中部的叶腋里长出了小小的玉米棒穗，穗须是白色的，风一吹，顶端的玉米花就落下许多花粉，有些花粉很快被下面的玉米穗须粘住。我们还发现，单行玉米长得虽好，但是经风吹后，飘落在空中的花粉却少，

我们用放大镜观察到，它的中部的玉米棒须上粘的花粉也少，而多行玉米飘落在空中的花粉多，玉米中部的穗须上粘住的花粉自然也多。我们发现这个秘密后，马上写下来向老师汇报，老师表扬了我们观察仔细、认真，能像科学家一样去看问题、想问题。玉米棒穗须一天天地由白色变成金黄到黑色，玉米一天天地成熟了。

7月12日，我们在老师的带领下，收获了我们的劳动成果，我们惊讶地发现单行玉米与班长家的玉米遭遇了同样的命运，玉米粒稀少干瘪，而多行玉米粒饱满粗大。具体情况见下表：

单行与多行玉米果实对比表

	一节玉米棒粒数	玉米粒质量
单行	10～150 粒	干瘪、稀疏
多行	320～360 粒	饱满、紧密

从这次有趣的种玉米活动中，我们受益匪浅。我们发现单行种植的玉米开花时，玉米顶部的玉米花穗只有一排，风吹花粉落，落到玉米棒穗须上的花粉少，结出的玉米果实就少。多行大片种植玉米，花期时，玉米顶部的玉米花穗是一大片，风吹落下的花粉在玉米田中飘荡，互相传粉，最后就能结出果实饱满的玉米棒。通过查资料，我们知道像玉米这样依靠风来传粉的农作物，还有稻谷、小麦等，种植时，必须要一片片地、较大面积地播种，才会有好的收成。从这次活动中，我们懂得了一个科学道理：只有按照不同农作物的生长特点，进行合理的、科学的种植，才能有很好的收获。

月 食 记

月食和日食一样，也是一种自然现象。以前人们总以为月食是一只天狗在吃月亮，因此，古人每逢月食就拿铁东西出来敲敲打打，赶走天狗。其实，月食是因为月球转到了地球本影、地球半影或两者之间，影子挡住了太阳的光线，使得太阳的光线无法被月球成功反射，才产生的。下面是我们对一次月食的记录——

时间：2004 年 5 月 4 日 8：00 ~ 2004 年 5 月 5 日 6：10

地点：华中科技大学附属小学新楼楼顶

观月食过程：

1. 5 月 4 日 8：00 ~ 5 月 5 日 2：40

这一段时间内，大家都在忙活着，一刻也没有停下。"月饼"依旧是那么圆。

2. 5 月 5 日 2：46

"月食开始了！"朱老师高兴地喊道。大家顿时兴奋起来，霎时，几架望远镜和十几只眼睛一起对准了月亮。唉，可惜我们一无所获，离真正的月食还差远着呢！

3. 5 月 5 日 2：48

"Look！"一个声音划破了夜空的宁静。"'天狗'来了，它……"大家一看，"月饼"被咬了一小口。"继续观测。"朱老师说道。

4. 5 月 5 日 2：49 ~ 3：48

"月饼"越来越少。"天狗"越吃越上瘾。看来，精彩的月全食离我们不远了……

5. 5 月 5 日 3：52

"哇，全食了！"大家兴奋地叫起来。全食时，整个月亮呈现出淡红色，好漂亮，好

有趣!

6. 5月5日 5：08

"天狗"因为吃得太饱，"月饼"太大，一下子呕了，月亮又重见天日了……

7. 5月5日 5：09～6：08

"月饼"不断地复圆，只可惜观测不到了，因为太阳已经升得老高。

会使用"灯语"的萤火虫

　　夏天的黄昏，人们常常可以看到萤火虫三三两两在树丛中、小河边飞来飞去，时隐时现。那绿色的幽光，忽上忽下，忽快忽慢，闪烁飘动，仿佛天上掉下来的星星。

　　萤火虫为什么会发光呢？动物学家发现这种昆虫的尾部有个发光器，里面有一种叫荧光素的物质。它在荧光酶的作用下经过氧化后，便发出荧光。荧光的颜色也不一样，有淡绿色、淡黄色，也有橘红色。进入发光器的氧气多少，会使发出的幽光亮度不一。

　　萤火虫黑夜发光，白天是不是也发光呢？我为此做了这样一个实验：在黑暗里，萤火虫发出了光亮，这时用手电筒非常细的一束光线照射在萤火虫的眼睛上，刹那间，萤火虫的小"灯"熄灭了。可见，萤火虫在白天是不发光的。

　　萤火虫为什么要发光呢？实际上，这是它们在进行"对话"。美国佛罗里达大学动物学家德埃发现，同一种雄萤和雌萤之间，能用闪光互相联络。有一种雌萤会按很精确的时间间隔，发出"亮—灭—亮—灭"的信号，这是告诉雄萤"我在这里"。雄萤得知这个信号后，就会用"亮—灭"的闪光回答："我来了！"并向雌萤飞去。它们用这种"闪光语言"继续保持联系，直到雌雄相会。

　　在掌握了萤火虫的这种通讯方式以后，有的科学家开始用电子计算机模仿萤火虫的应答反应，来与这种昆虫"通话"。一旦获得成功，人们就可以指挥萤火虫的行动了。

奇妙的黄瓜种子

黄瓜是我最喜欢吃的食物，每次到爷爷家吃饭总是少不了黄瓜。

由于对黄瓜特别喜爱，我特地叫爷爷帮我取一些黄瓜种子，自己学着种黄瓜。我先在花盆里装上泥土，放上种子。每天放学回家，都给它们浇点水。一个星期过去了，还不见种子发芽。于是，我就去请教爷爷，爷爷告诉我，黄瓜的种子要清洗后才能发芽。

我将信将疑，马上找来两个花盆，标上号码，装上泥土，在 1 号花盆放入没洗过的种子，2 号花盆放入清洗后的种子，分别撒上一层细泥，把它们放在阳台上，每天给它们浇上同样多的水。到了第四天下午放学，当我去看心爱的种子时，发现 2 号花盆上的细土有一点点凸起，1 号花盆一点动静也没有。第五天，我早早来到阳台，发现 2 号花盆凸起细泥的地方，钻出一个个白嫩嫩的小芽，芽头上还夹着外壳，但 1 号花盆还是沉睡在梦中。第六天，2 号花盆芽头上的外壳脱落了，长出了两片浅绿色的子叶，可 1 号花盆还是原封不动。

这到底是什么原因呢？为了知道答案，我几乎翻遍了家里所有的书，最后终于在《少年儿童知识大全》这本书中找到了答案。原来，黄瓜的汁液中含有某些对生长起抑制作用的植物碱、有机酸等，它们有抑制种子发芽的作用。如果播种前不清洗黄瓜种子，即使播种后黄瓜也很难发芽。

植物的种子还有这么奇妙的科学知识。这次亲自实践让我学到课本上学不到的知识，又锻炼了自己的动手能力和实践能力，更激发了我对科学的兴趣。